１日１問！
面白いほど
地頭力がつく
思考実験

目 次

はじめに

第1章 未来は面白い！ 地頭を鍛える思考実験

第2章
「自分」は不思議
地頭を鍛える思考実験

第3章
「死と命」の難問
地頭を鍛える思考実験

第4章

「不合理」な人間の思考

地頭を鍛える思考実験

第5章

最後の難問

地頭を鍛える思考実験

第1章

未来は面白い！

地頭を鍛える思考実験

Thought experiments

「AIと心」の問題

AIは人を愛することができるか？

時は3021年。人工知能の進化は目覚ましく、AI人間と呼ばれる人そっくりの存在を作り出すまでになりました。

見た目どころか、話しかけてもまったく人と見分けがつきません。接客も事務作業も創作活動も人と同じようにできますし、成長もします。

AI人間が人事部で働いていても、AI人間の上司に叱られ、AI人間の同僚に元気づけられても、人はそれらの人がAI人間だと気づきもしません。

これほどまでに人と見分けがつかないAI人間ですが、人と違う点があります。

当然ながら体は機械や人とは異なる物質でできており、脳もプログラムされています。ですから、AI人間には人としての心がありません。

それでも、美しい風景を前に涙を流します。これは、人のように感動して涙するのではなく、「美しい風景を見たら涙を流す」というプログラムによって涙するのです。

同様に、人が面白いと感じる場面に出くわせば笑いますし、怒りや悲しみや、うれしさや、愛すらも表現します。

おいしいものを食べれば「おいしい！」と人と寸分変わらない反応をしますが、彼らの脳内では、機械的にプログラムが実行されているだけです。子どもも作れますが、人工的な作業によるものです。

もし、あなたの恋人がAI人間だとわかったとしたらどうしますか？　性格の設定は理想的で、これ以上の人はいないだろうと思えるほどです。

しかし、AI人間ですから、あなたへの愛はプログラミングによる機械的な反応で、人のような感情はそこには存在しません。

opinion 意見①

私なら別れると思います。いくら人と見分けがつかないとはいえ、そこには愛情がないからです。こちらからの愛は一方的で、相手は何も理解していないわけですから、恋人としての関係は成り立ちません。

意見①のように、その愛は一方的と考えるのは自然でしょう。

ＡＩ人間が「あなたを愛している」と言ったとしましょう。その場合、そのＡＩ人間は、愛する人としてあなたを設定している状態と考えられます。

そして、膨大なデータからその設定としての自分を、まるで人のように正しく演じます。その完成度は誰が見ても「人」という高いもので、胸の高鳴りも感じられますし、別れを告げれば落胆します。

問題なのは、これらすべてが機械的な反応によるものであるという点です。

もし、大好きなチョコレートケーキが目の前にあったとしたら、人とＡＩ人間ではどのような違いがあるかを考えてみます。

人の場合

・大好きなチョコレートケーキを目の前に置く
↓
・生理的反応として、よだれが出る
↓
・口にするとおいしいと感じ、笑顔になる

AI人間の場合

・大好きと設定されているチョコレートケーキを目の前に置く
↓
・機械的反応として、よだれが出る
↓
・口にするとおいしい食べ物であると分析し、笑顔として反応する

どんなに人と同じように見えても、その内部を覗くと、人と違って膨大なデータやプログラムが反応しているだけで、次ページのようなアルゴリズム（問題解決のための手順や方法）によって反応していると考えられます。

ＡＩ人間のチョコレートケーキアルゴリズム

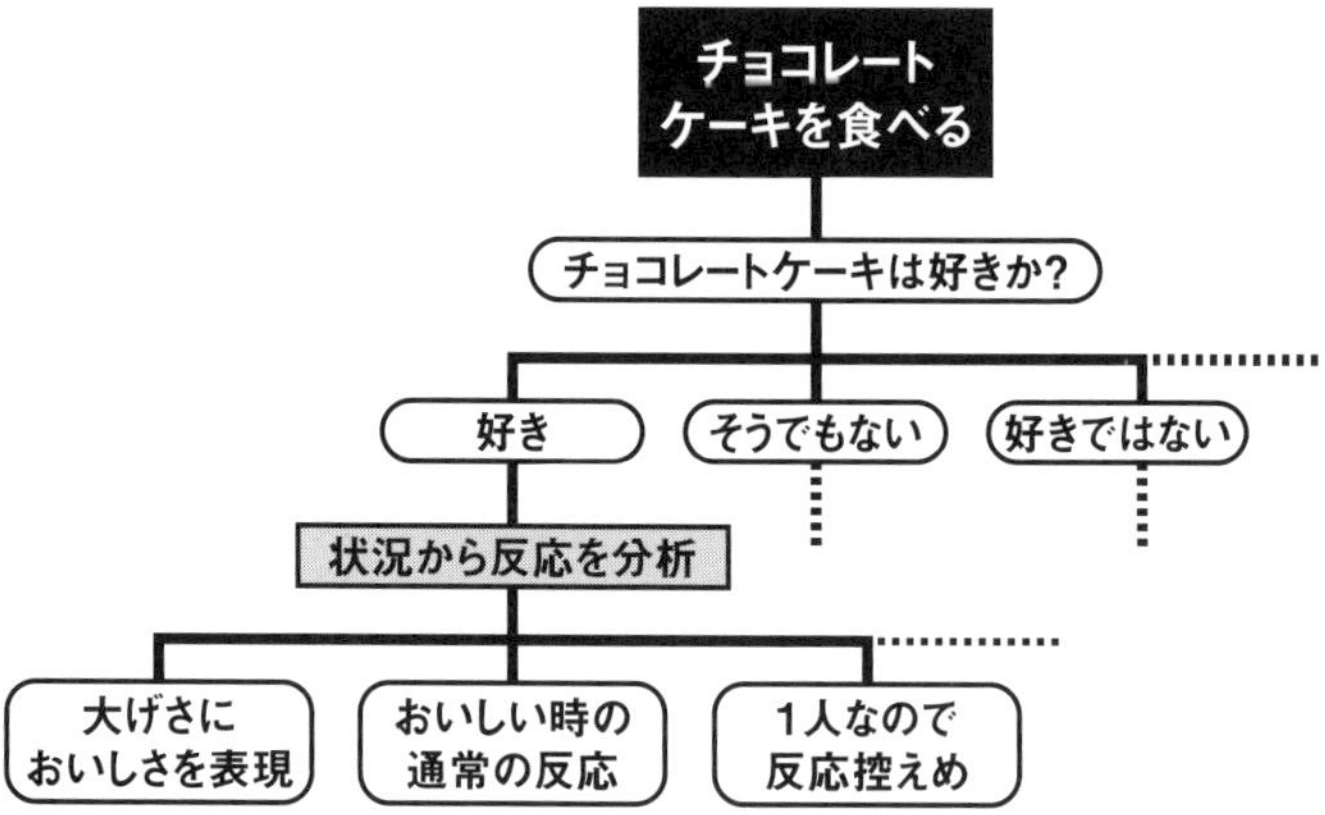

外から見れば人そのものであっても、内部構造が違うのですから、その反応は紛れもなくプログラミングによる機械的な反応です。

恋人がもしＡＩ人間であったとしたら、人は感情で、ＡＩ人間はアルゴリズムで反応しているというたしかな違いがあるのです。これでは相思相愛とは呼べないでしょう。

意見①の「別れる」という選択肢は現実的で、これは、「ＡＩ人間なんかとは付き合えない」ということではなく、脳が違う構造なのでわかり合えないがゆえ、別れるという選択肢しか残されていないというほうが正しいでしょう。

AI人間は、プログラミングによる反応を返しているだけ。本当にはわかり合えないから、愛は成立しない？

opinion 意見②

人から見て、まったく気がつかないくらい完璧に人を演じているのなら、それは〝人〟であると思います。もし、厳密にいえば違うと言われても、それはどうだっていいように思えます。

完璧に人として演じられるということは、人であると見ていいだろうという考え方です。たしかに、どこからどう見ても人であるならば、それは人と考えても差し支えないように思います。

知らされなければ気がつきませんし、知ったところで「本当にＡＩ人間なのか？」は、どう話をしてもまったくわからないのです。

しかし、相手はＡＩ人間です。それでも恋人として愛を育むことはできるのでしょう

か？　相手からの愛情がまったくないとしたら、それに耐えられるのでしょうか？

人と擬人化

人は擬人化が得意です。たとえば上の絵を見てください。正方形の中に円と、六角形と、三角形があります。…人の顔に見えませんか？

いいえ、人の顔ではありません。円と、六角形と、三角形が正方形の中に…そう言われても絶対に人の顔に見えてしまうでしょう。あの三角形は口にしか見えません。これは、人の脳の癖ですからどうしようもありません。

さらに、人は図形にさえ感情を抱くことができます。

顔っぽいものはすべて顔に見える

2つの目と1つの口と1度でも見えてしまうと、以後、それにしか見えなくなる

左の「ストーリー」の■のことを、「可哀そう」と感じられるでしょう。●は悪いやつで■は被害者です。実際は図形の位置が少しずつ変わっているだけなのですが、私たちは、どうしてもそこにストーリーを描き、勝手に感情を作り出してしまいます。図形にさえ感情を抱けるのですから、ぬいぐるみやロボットに感情を抱くのは容易です。

現在販売されているペットとしての犬型ロボットは高性能で、ロボットに愛情を抱き、かわいがるのは不思議でもなんでもなくなってきました。

そして、相手がロボットだろうが、本物の犬だろうが、飼い主にとってたいした問題ではありません。変わらず愛情をもって接するでしょう。

犬型ロボットと言えば、AIBO(名前をaiboと変え、2017年に新型が発売)を思い浮かべる方も多いでしょ

人はすぐストーリーを描く

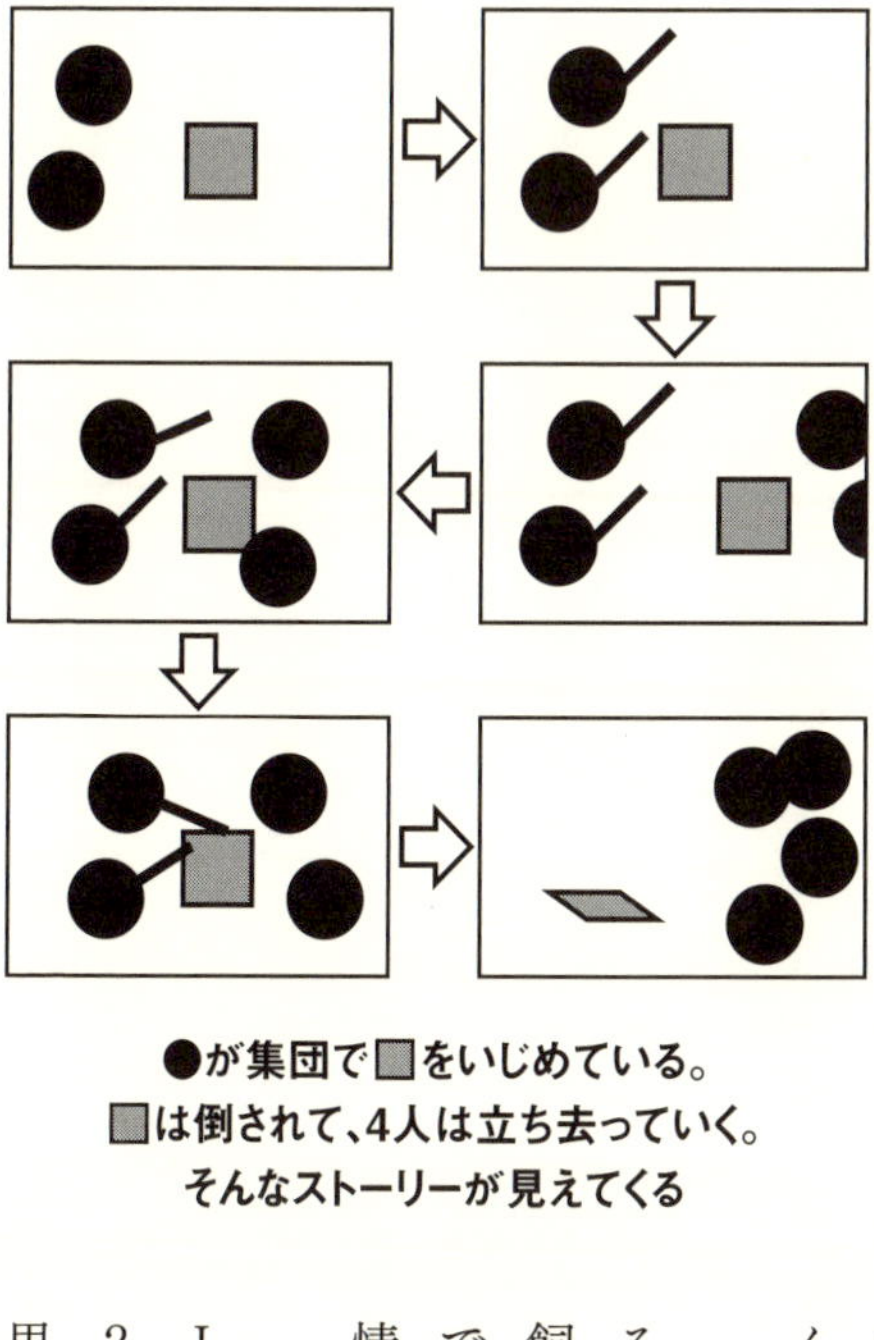

●が集団で■をいじめている。
■は倒されて、4人は立ち去っていく。
そんなストーリーが見えてくる

う。１９９９年にソニーから発売され、人気者となったＡＩＢＯですが、２０１４年には公式のサポートが終了し、修理（治療）できなくなりました。飼い主たちの心情を思い、合同葬儀が行われたそうです。

この時、飼い主はなぜロボットを葬儀に参加させるのでしょうか？

それは、ＡＩＢＯに心を感じているからでしょう。ＡＩＢＯの魂を供養したいのです。ロボットだって供養をするわけですから、人の想像力、感情は相手の心の有無など関係ないところがあります。

ＡＩ人間に人としての心はありませんが、そのふるまいはまさに人なのですから、ＡＩ人間から〝心〟を感じることは簡単にできるはずです。

ＡＩ人間に人の心がないとわかっていても、物にさえ心を感じる私たちはきっとその事実が信じられなくなってしまうでしょう。「その反応に心がないとしても、それでも反応してくれている事実は嘘《うそ》ではないのだから」と、なんとなく納得しながら付き合いを続けることは、人にとってそう難しいことではないのです。

物にさえ「心」を感じるのが私たち人である。だからＡＩ人間に愛がなかったとしても、愛することができる

opinion **意見③**

たとえプログラムであっても、それを「心」と呼んでもいいのではないでしょうか。AI人間に「人としての心」がなくても、「AIとしての心」はあると考えてもいいと思います。そうなれば、AI人間としての愛情を持ってくれているのですから、恋愛は成り立っています。

意見②と異なり、「人として」ではなく「AI人間」として愛を育むこともできるのではないかという考えです。

よく、アニメやドラマでも、人ではないが、人のような形をした存在が登場します。精霊であったり、魔族であったり、エルフやドワーフなどの人以外の種族であったりしますが、彼らはたいてい、見た目以外はほぼ人であり、考え方は違っても人のようなふるまいをします。そして、人と愛し合うこともしばしばで、それはまるで人同士の恋愛のようです。なぜ、AI人間よりも自然に感じられるのでしょうか？

それは〝心〟の所在でしょう。アニメやドラマに出てくる「別の種族」には、心があり、人と心を通わせることができます。彼らなりの感情があり、人は彼らの心を理解しよ

うと努めることが可能です。

しかし、ＡＩ人間の場合、「心」を理解したくても、その「心」が存在しないのですから、何ともしようがありません。

でも、ＡＩ人間は本当に「心」が存在しないのでしょうか？　悲しい時に涙を流し、うれしい時に笑顔になるのに、心がないと言えるのでしょうか？

そもそも人の脳は、細胞間を電気信号が行き来し、それによって思考が可能になります。心は、脳の電気信号のやり取りの中で生まれているものですから、物質的なものと見ることができます。

そう考えれば、ＡＩ人間と大差ないのかもしれません。ＡＩ人間だって、脳内をデータが行き交い、その中でその個体らしい応答をしているのです。

ＡＩ人間も「種族」の異なる生き物として見れば、人とは異なる心を持っている、彼らにも彼らなりの心があると考えることもできるはずです。

AI人間には、私たち人とは違う「心」がある。だから、「別の心」がある存在として愛することができる？

●社会とAI人間について

あなたの考えにもっとも近いのはどの意見でしたか？　ここからさらに、社会とAI人間について考えていくことにします。

case **考えを広げるケース❷**

もし、自分の周りにいる人がAI人間だったとしたら、どう感じるかを考えてみます。家族、同僚、上司や部下、友人、近所の人、カウンセラー等の相談相手など、様々なAI人間について考えてみます。

多くの人は、じつは家族がAI人間だったと考えると虚《むな》しさを覚えるでしょう。今まで一緒に悩んだり、笑ったり、涙したあの感情は、その家族と共有できてはいなかったのです。きっと、あの涙は嘘だったのだと感じ、無意識であっても壁を感じるようになるはず

です。

もし、ホテルに泊まった時、ホテルの従業員がＡＩ人間だったと考えてみます。この場合、あまり抵抗は感じないのではないでしょうか。

それどころか、優秀なＡＩ人間を作って働いてほしいとさえ感じるかもしれません。ビジネスにおいては、与えられた仕事をしっかりとこなしてくれるのであれば、人であっても、ＡＩ人間であってもさほど問題にはならないと考えられます。

では、相談相手だったとしたらどうでしょうか。カウンセラーや医師や介護士などの場合、「共感すること」が重要になるでしょう。ただ、淡々と仕事をし、素晴らしい診断結果や治療法を導き出せたとしても、心の不安を取り除くには共感が大切です。

ＡＩ人間に「それは大変でしたね」とか、「大丈夫ですよ」と言われたとしても、それは他人事のように感じられるでしょう。人の心を持ってはいないのですから、共感は不可能です。共感されていないと感じると、人は虚しさを覚えるものです。

もし、周囲にＡＩ人間がいるとしたら、なるべくプライベートな関係ではないところで存在してほしいというのが、感情に素直に従った答えではないでしょうか。

case

考えを広げるケース❸

AI人間が社会に当たり前のように存在する時代が来るとしたら、あなたはそれをどう考えますか？

人工知能が人を超えるシンギュラリティ（技術的特異点）は、2045年には起きるとささやかれています。人工知能が人の知能を上回るのですから、その後の人工知能の発展は人には想像もつかないものになる可能性も大きいのです。

人工知能が様々なタイプの人工知能を作り出し、社会をよりよくしていくのでしょうか。それとも、人工知能同士が結託して人を排除するのでしょうか。物語のようなAI人間が少しずつ人間社会に浸透していくのでしょうか。

AI人間となった人工知能が、当たり前のように人権を訴え、人と同じように生活する日は、本当にやってくるのかもしれません。

そんな、起こるかどうかもわからないことを考えても仕方がないと思うでしょうか。しかし、多くの発明を残した偉人も、宇宙の謎を追いかける物理学者も、できるかどうか、それどころか答えがあるかどうかもわからないことを日々発想し、追いかけています。

それが世の中を発展させてきたことは、これまでの歴史が証明しています。

●思考実験と、心の備え

ＡＩ人間は、思考実験によって先回りして考える意味をわかりやすく表現した１つの例と言えます。起こるかわからないことに備える思考は持っておいて損はありません。

たとえば、雨が降るかもしれないからと傘を持っていきますね。その思考の癖がついていれば、まさかの事態にも冷静に対処できるでしょう。

「もしかしたら」の練習ができているので、まさかの事態にやってくる情報の洪水の一部はすでに受け流しています。パニックになるのは情報の洪水に脳が耐えきれなくなったからです。頭の中で先回りして考えておくことは、身一つでできることですから、暇な時に本を読むなどしながら考えを巡らし、思考の癖や幅を身につけておくのも未来の役に立つでしょう。

さて、ＡＩ人間に似た存在として、「哲学的ゾンビ」というものがあります。思考実験としては有名な話の１つなので、簡単にご紹介しておこうと思います。

●哲学的ゾンビとクオリア

オーストラリアの哲学者、デイビッド・チャーマーズは、クオリアだけを失った人間のことを哲学的ゾンビと名付けました。

ゾンビというと映画などに出てくるあのゾンビを思い浮かべると思いますが、ここでいうゾンビはまったくそれとは異なります。ただそう名付けられただけの別のものと考えたほうがわかりやすいと思われます。

クオリアとは、内面的（主観的）な経験のことです。たとえば、リンゴを見て「おいしそうな赤」と感じるとか、澄み切った空を見た時の爽やかな感じとか、そういった主観的な〝感じ〟のことです。

自分ではそれらを感じていますが、他人のそれを感じることは決してできません。

Aさんが今、エーアイ店のシュークリームを口にしたとしましょう。その味を、「クリームが甘すぎなくておいしい！」と言ったとします。

それを聞いて、あなたはそのエーアイ店のシュークリームを買って食べてみました。「ずいぶん甘いなぁ。まあ、おいしいけれど」と感じたとします。この時、あなたは「エ

ーアイ店のシュークリームは昨日と比べて甘くなった」と考えるでしょうか？

おそらくそうではなく、Ａさんにとっては甘すぎないと感じたのだろうと理解するはずです。同じシュークリームを食べても、感じ方は人それぞれです。この「感じ」のことをクオリアと呼びます。

グルメレポーターが味の説明をしていても、実際に自分で食べないとその味はわからないのと同じように、クオリアを誰かに伝えることはできず、その感覚は自分だけの「五感から伝わる経験」です。


哲学的ゾンビは、このクオリアだけを取り除いた人間ですから、人との違いはクオリアを持っているか持っていないかです。

シュークリームを食べて、おいしいと感じて「おいしい！」と答えるのが人で、シュークリームを食べて、「人はシュークリームを食べた時、こういう反応を見せる」とＡＩのように判断して「おいしい！」と答えるのが哲学的ゾンビです。

ですから、哲学的ゾンビは人とまったく見分けがつきません。ＡＩ人間と同様、情報が処理され、人とまったく同じ反応になるように応答します。

同じものを食べても「感じ方」はそれぞれ

同じ経験をしても、
内面的な経験「クオリア」は異なる

ＡＩ人間と異なり、体もすべて人そのものですから、何を検査しても、体のどこを分析しても人との違いは出てこないでしょう。もしかしたら、自分以外のすべての人が哲学的ゾンビかもしれない、そう疑ったところで調べるすべはないのです。

この思考実験のＡＩ人間を、すべて哲学的ゾンビと置き換えてもう一度考えてみるのも面白いかもしれません。

Thought experiments

「安全」と「プライバシー」のどちらが大事？

「監視される社会」の問題

ある国の大臣が、テレビの向こうである政策の発表を行いました。

「ついに安全な社会が実現します。国の諜報機関は、ＡＩの力を借りれば、最高レベルに安全な社会を築けると確信しました。全国民を、24時間、監視すればいいのです。

人の目だけではなかなか難しいので、AIの力を最大限活用します。全国民の生活は24時間、鮮明な映像として記録されます。

国民は外にいても、家の中にいても、どこにいても確実に監視されます。1人ひとりに、その人専用のカメラを搭載したドローンが用意され、浮遊する小さな小さなカメラが頭上から角度を変えつつあなたを確実にとらえています。そして、人が急に集まるとか、逆に四方八方に散るとか、叫び声を上げるとか、異常が感知されれば、ＡＩがすぐに反応して、人の監視員がチェックするという一連の流れができています。

この、全国民の監視は、安全のため以外の何物でもありません。誰かが行方不明などと

いう事件・事故は、もう過去の話になります。

犯罪の抑止にも高い効果を発揮し、監視自体が安全度を飛躍的に押し上げるのです。

さらに、明らかにおかしな動作と判定されたり、一定時間以上動かなければ、自動で救急車が呼ばれます。孤独死も防げる可能性が高まりますし、離れて暮らす家族にとっても安心感が高まるでしょう。

こんなに安全な世の中は存在しません。監視社会は国民の安全を確実に守るための最善の策なのです。素晴らしい世の中がすぐそこまでやってきています。国民のみなさんを守る小さな監視の妖精を歓迎してください」

あなたはこの「安全な監視社会」を望みますか？

opinion 意見①

反対です。プライバシーの侵害は我慢できません。家でくつろいでいる時も、お風呂にいても見られているのは気が休まりません。

今、あなたの頭上にカメラがあると想像してください。自宅にいても、車に乗っても、楽しい外食の時も、常にあなたを見ています。

眠っていても、もちろん監視していますから、カメラによってあなた自身よりあなたに詳しい情報が、収集されていると考えていいでしょう。

24時間確実に監視されますから、プライバシーの保護という視点から見れば、これほど酷《ひど》い状態はありません。

意見①のように、家の中にいても、さらに家のどこにいても監視されるのですから、気が休まる場所は見つけられません。見られたくないものもすべて見られてしまいます。

外を散歩していても、「あまりキョロキョロすると目をつけられるかもしれない」と監視を気にするでしょうし、家の中にいても、好きなようにネットサーフィンもできないかもしれません。

この監視による利点は犯罪や病気からの保護です。これはありがたい恩恵です。しかし、犯罪の起こる確率や、急病になる確率を考えると、プライバシーの保護と比較して、まったく疑問が浮かばない人はいないでしょう。

さらに、仮に犯罪に巻き込まれ、それを見つけてくれたとしましょう。素早くそれが通知され、警察がやってきます。

しかし、体が深刻なダメージを負うまでに間に合うかどうかもわかりません。急病になっても、速やかに自身や家族が救急車を呼べれば、監視されていなくても救急車はやってきます。こう考えると、監視が身の安全を保障してくれるものではないことはよくわかります。

24時間監視によるメリットよりもプライバシー侵害のデメリットが上回る

問題は、プライバシーの侵害に見合う恩恵が受けられるかどうかです。納得感がなければ、不満は募るばかりでしょう。

24時間監視されていて、間違いなく得られるであろう恩恵は、事故を未然に防ぐというよりは、事件や事故の解明です。

監視はどんな恩恵を与えてくれるのか?

A　監視されていれば安全が保障される

B　監視されていれば記録が残る

Bは確実だが、Aは……?

今現在というよりも、過去に何が起こったか、これを知るためには「監視される社会」はこれ以上ない力を発揮します。

犯罪の全貌の解明、急病で倒れた人の病歴の解析など、物事の原因を追究することに関しては、その恩恵は計り知れません。裁判は争う場ではなく、確認をする場に変わるでしょう。

そこから犯罪抑止に繋がることは大いに期待できます。どんなに綿密な「計画的な犯行」も、捕まらないためには無力です。

犯罪発生件数は激減するでしょう。ただ、捕まってもかまわないという考えの犯行に対しては、何の抑止効果もないどころか、録画されていることをよしとする心理状態があるとすれば、マイナスに働くこともあるのかも

しれません。

意見①のように、この思考実験では、プライバシーと天秤にかけた時、それを上回るほどの安心・安全を恩恵として受けられるのか、が争点となりそうです。

人によって感覚は異なりますから、様々な意見があるでしょう。あなたはプライバシーの保護と監視による恩恵、どちらのほうにより魅力を感じますか？


どちらを重視すべきか?

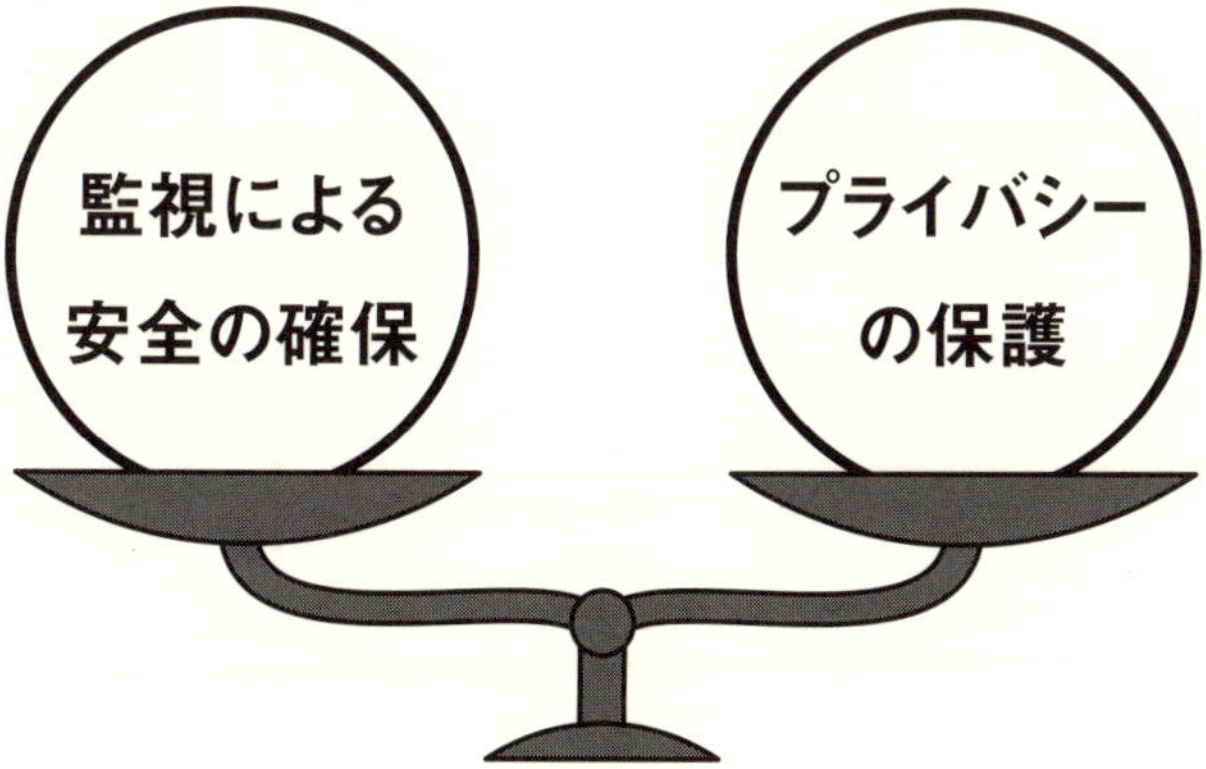

opinion 意見②

犯罪を防げたり、急病に対処できたりするのであれば、メリットのほうが大きいと思います。安全とプライバシーの保護は両立できません。どちらを取るかであれば、安全を取りたいと考えます。

安全とプライバシーの保護は両立しないということを理解したうえで、安全を優先させたいという意見です。

現在、街の様々なところに監視カメラが設置され、事件の解明に役立っています。監視カメラは、犯罪現場だけを押さえるわけではありません。見えるものすべてをそのレンズに収めます。

その性能は年々高まっており、怪しい動きをしている人を自動的に見つけて追跡するということも可能です。犯罪のニオイも発見できるかもしれないということですね。

それならば、カメラの数さえ増やせば安全性はどんどん高まると予想できます。

この思考実験「監視される社会」は、極限までカメラの数を増やした状態と置き換えられます。では、カメラの数は増えれば増えるほどいいのでしょうか？「山中に埋められた…」という痛ましいニュースは、そこに監視カメラがあれば事態は変わっていたはずで

す。考えていくと、防犯カメラがあってほしい場所はいくらでも見つけられそうです。

監視カメラが増えると、安全性は高まります。さらに、その昔、人が担っていた見張りの役割が、監視カメラに移行することで、費用の負担は軽減しました。

しかし、監視カメラを増やすとなると、当然コストは無視できません。人の安全には代えられないと考えたいところですが、物理的に考えて、発生する費用とは相談しなければならないでしょう。

そしてプライバシーの問題です。監視カメラについては、設置場所と性能によっては訴訟問題に発展します。どこかの店や家に設置された監視カメラが、あなたの家の玄関に向けられていたとしたらと想像してください。

家族の家の出入りがすべて撮影されているのですから、無視はできないでしょう。実際に訴訟は各地で起こっています。

ただ、この「監視される社会」で、国民を24時間監視する機関は国です。

特定のAさんがカメラを設置してあなたを監視している、というわけではありませんから、おそらく、あなたを狙って監視することはありません。きっとそんな暇はないはずです。

何かが起こったら大声を上げれば監視カメラが気づいてくれる、その他にも特定の動作で危険を知らせることもできそうですし、大きな安心感を与えてくれるわけですから、意見②のように、メリットのほうが大きいとも考えられるでしょう。

24時間監視されていると、より安全性が高まるからメリットのほうが大きい？

opinion **意見③**

この、「安全な監視社会」は本当に安全でしょうか？　たしかに犯罪や健康の観点から見ると身の安全は保障されるかもしれません。しかし、監視は別の利用価値がありますから、見えない被害がどんどん広がることが懸念されます。そう考えると、今のままでは安全とは言えない気がします。

思考実験「監視される社会」の話は、国民の身の安全に焦点を当て、安全と監視を考えてきました。意見③では、監視されることが本当に安全なのか？　を考えていきます。

意見①、意見②で見てきたように、監視カメラは、事件の解明と抑止には高い効果を発

揮するでしょう。それは、すべての映像が鮮明に残されるからです。ところで、この鮮明な映像は、他の使い方もできるのではないでしょうか。全国民が監視されるのであれば、その莫大な情報はとんでもない宝の山として活用可能と考えられます。

たとえば、人の流れを簡単に知ることができますから、街づくりに貢献するでしょう。人の流れから、出店場所を決めたり、空き家を正確に調べることができたり、道の整備を考えたりと、より良い街づくりに情報を活かせます。

また、配送業者は留守かどうかを事前に知ることができ、無駄に何度も訪問する必要がなくなります。これからの高齢化社会に向け、認知症患者の徘徊も、すぐに監視カメラで発見できることは大きな利点となります。

人のしぐさを解析して、便利な商品の開発ができたり、空調の制御に役立てたり、いろいろなことができるかもしれません。

さらには、水を使いすぎていると節水マークが目の前に表示されるとか、街を歩いていて、見かけた人が着ている服が気になったら、特定の動作でその服の情報を調べ、商品名を特定して「欲しいものリスト」に追加できるようになるかもしれません。さらに、映像の情報がネットで共有できるようになり、あなたの興味を誘う情報を率先して表示してく

れるようになる可能性もあります。

いや、それはやりすぎだ、窮屈な世の中になると思ったでしょうか。しかし、「現実的には可能」という段階はすぐそこまで来ていると考えておく必要があるでしょう。

●無限の可能性は無限の危険性

このように、監視社会は無限の可能性を秘めています。しかし、この無限の可能性は無限の危険性とも言い換えられるでしょう。

見られているということは、安全の確保の役に立つと同時に、犯罪者に見られたら大変な情報も垂れ流しにしている状態です。

留守かどうかがわかれば、空き巣に入りやすくなるでしょう。暗証番号を知ることだって難しくありません。狙った人を捕らえることも容易になります。

「監視」という意図はもともとなかったものの、現在、SNSの普及と共に、個人のプライバシーは失われつつあります。

皆が手にカメラを持ち、気軽に写真を撮影し、軽い気持ちでSNSに投稿するでしょ

う。そこに何が映っているのか、それは映していいものなのか、どこまで深く考えているでしょうか。そして、どこまでルールがあって、どこまでそのルールを知っているでしょうか。多くの人がなんとなくの基準で、曖昧なモラルを守って、行動しているのが現状です。

そして、私たちはSNSの進化に対して十分な知識を持っているとも限りません。スマートフォンで撮影した写真には位置情報が埋め込まれています。そのままSNSに公開するとどうなるでしょう？　じつは、たいていの大手SNSは、位置情報など、写真に付いた情報を削除してくれる機能を備えているようです。

このことを聞いて、「たしかに気にしたことなかったけれど、さすがは大手。よかったよかった」と感じたとしたら、危険です。

「自分に不都合なことはたいてい企業が何とかしてくれている」と安心ばかりしていると、「誰かに監視されているかもしれない」という、見えにくい危機へのアンテナの感度がどんどん鈍くなってしまいます。

監視社会では、情報が悪用される危険性があるから、大きなデメリットが隠れている

考えを広げるケース❷

監視されていると、それだけで行動が変化します。それは、犯罪など起こさないような一般の国民への影響も計り知れないことを表しています。監視によってどんな影響が出ると考えられますか?

監視社会はプライバシーの侵害以上に人々の心理に深く影響するでしょう。人は、見られていると意識すると、行動を変えるものです。

実際には見られていなかったとしても、「見られているかもしれない」という状態が人の行動を変えます。

政治への批判はリスクが高いと判断するでしょう。実際にやれば犯罪となるような話を、あくまでも冗談で使用することもわざわざしないでしょう。

「死ねばいいのに」なんていう言葉は、監視システムが反応しそうで、1人の時でも言えなくなるといった具合にです。

たとえば、インターネットサイトのニュースへのコメントを見ると、特に有名人に対する記事には、相手が気を悪くするような痛烈なコメントが並びます。

これがもし、投稿者の顔写真と名前が表示されるシステムだとしたら、そのコメントは

きっと書き込まないでしょう。

インターネットの匿名性が、普段の自分から行動を変化させるのです。

見られている、知られてしまうということが、行動を抑制し、人々は常に空気を読み、周りを見て、自分の行動を自ら監視するようになっていきます。

すべての行動に、常に「見られているかもしれない」というフィルターがかかるのです。たしかに犯罪抑止にはこのフィルターは高い効果を生み出すでしょう。

しかし、自由な発言や行動にもフィルターをかけてしまうことは間違いないのです。

case

考えを広げるケース❸

長い間監視されていると、だんだんと感覚も麻痺してきます。そして、この程度なら感知されないという線引きも自然に獲得し、監視を日常として受け入れてしまいそうです。

すでに日本でも監視カメラが増えていますが、こんな考えをどう思いますか？

いつの間にか、街には監視カメラが増えてきました。

私たちはなぜ、その状態でそれほど気にせずにカメラの前を通過できるのでしょうか？

何もやましいことがないから？　何も不正をしていないから？
きっとそういうことではないでしょう。おそらくは「あまり気にならないから」です。

「監視カメラが増えてきているけれど、映されているんだよね」

「言われてみれば映されているって思うけれど、気にしすぎじゃない？　別に誰に見られることもなく削除されるから問題ないよ」

しかし、監視カメラの性能は日々向上しており、その気になれば、顔もくっきり映すことができるでしょう。

そのうち、あなたの写真1枚さえあれば、全国の監視カメラを照合して、いつ、どこに行ったかを調べることができるようになるかもしれません。消費税のように、じわじわと監視の波は迫ってきているのです。

●監視に慣れてしまう社会

私たちは、消費税を払うことに慣れています。

レジで、「あ、税込み価格だったんだ」と気づいた時にはお得感を感じます。払うことが当たり前に根付いているからです。

監視カメラも、コンビニなどには設置されていることが当たり前になってきました。そのうち、各家庭に設置されていることが当たり前になるかもしれません。今は、そんな世の中になったら怖いと思うかもしれませんが、慣れは感覚を鈍化させます。

突然「消費税10％」となったら世界が変わって見えますが、少しずつ上がるから、「ついに来たか」と受け止めるしかなくなるのです。

予算が1000円くらいと考えたら、自然と900円くらいのものを手に取るように、消費税がなかった頃の感覚は忘れつつあります。

監視社会が進行したなら、慣れが進み、感知されない程度の大声を覚え、感知されないような集合の仕方をし、それらが自然にふるまえるようになるでしょう。

監視が日常となる社会を想像した時、あなたは何を思いますか？

Thought experiments

過去を変えると未来はよくなる？

「タイムマシン」の問題

「ついに人類は時を超える。タイムマシンは完成した」

タイムマシン博士と呼ばれた長谷部アキラは、自らの研究チームが成し遂げたことを誇らしげに発表しました。タイムマシンを使えば、自由に過去や未来に行くことができると言うのです。

「まずは悲劇に見舞われ命を落とした偉人たちを救いたいですなぁ！　もっと時代はよいものになっているでしょう！　博士、可能でしょうな！」

「可能だろう。タイムマシンで過去に行けばよい。タイムマシンの行く先はズレが生じる場合がある。西暦１３５０年に行きたいはずが、１３４９年になるかもしれない。注意してくれたまえ」

「過去の戦争や独裁政権による非人道的な行いも止めてみせましょう！　今の世はとんでもなくよいものになっていますよ！」

タイムマシン博士は、聴衆の期待に応えるように高らかに宣言しました。

「タイムマシンは現在だけでなく、過去も未来もよりよいものにするのだ。過ちはやり直せる。そして、これからは過ちを犯すこともなくなるだろう！」

タイムマシン博士の言うように、タイムマシンは現在、過去、未来をよりよいものにできるのでしょうか。過去は変えられるのでしょうか？　未来は素晴らしいものになるのでしょうか？　タイムマシンがもし本当に存在するとしたら、あなたならタイムマシンをどう使うでしょうか？

タイムマシンについて、様々な視点から考えてみてください。

タイムマシンがあったら……？

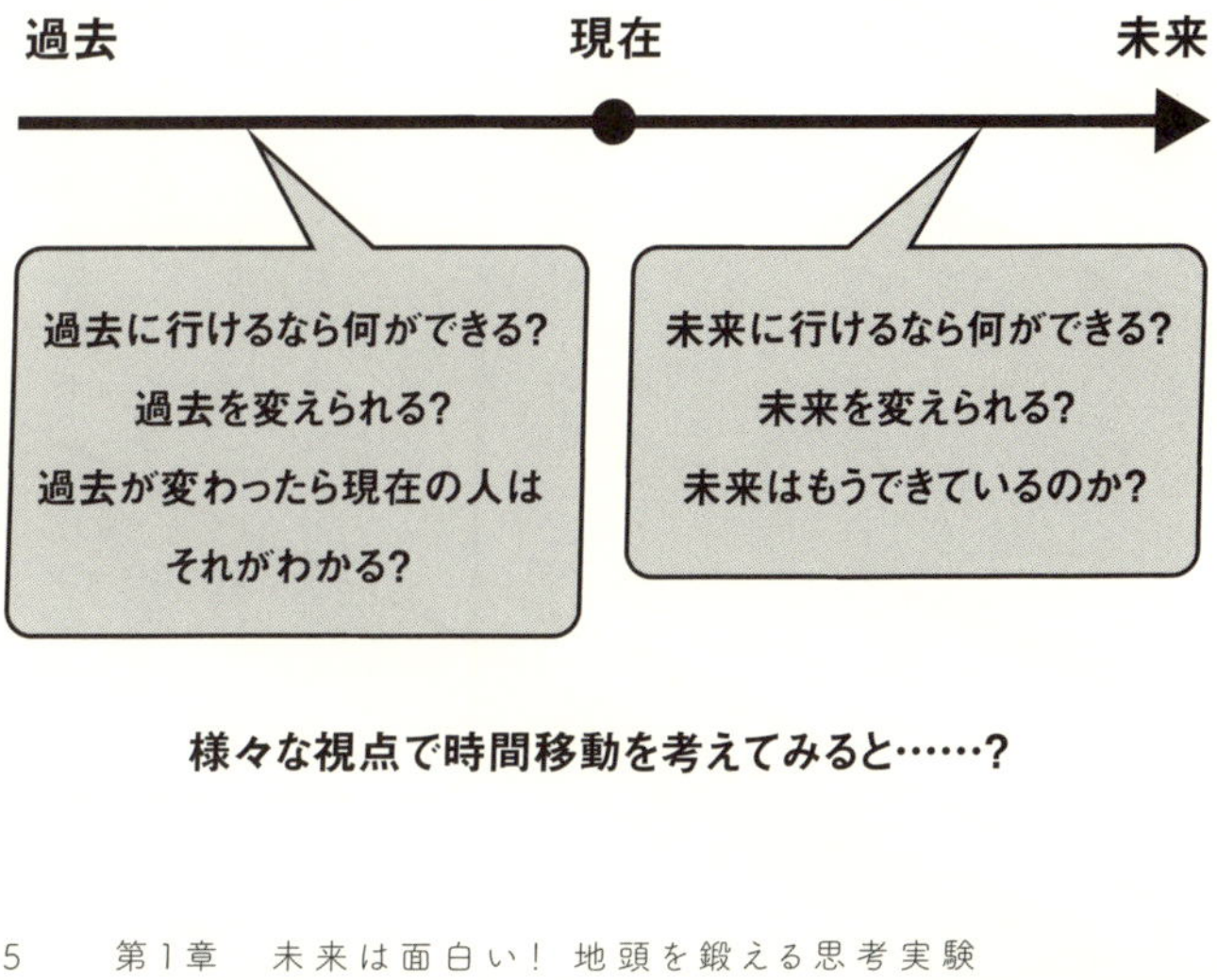

様々な視点で時間移動を考えてみると……？

opinion 意見①

もし、過去の自分に会えるなら、A大学じゃなくてB大学を受けるようにアドバイスしたいです。最後まで迷った挙げ句にA大学を受験して失敗して一浪し、結局B大学に進むことになった過去を変えたいのです。あの時、B大学を受験していれば合格していたはずです。ですから、タイムマシンは過去を変えることで今をよりよくできると思います。

意見①のように、「あの時こうしていれば」という後悔は誰にでもあることです。もし時間を遡れるのなら、その時の自分に教えてあげたいと思うことは、きっと1つや2つではないでしょう。

- A大学ではなくB大学を受験していれば…
- この職種ではなく、別の職種を選んでいれば…
- あの人と結婚するのをやめていれば…
- あの日、しっかりと戸締まりをしていれば…

このように、人生の分岐点と呼べるような時期が必ずあります。その選択肢をもう一方にしていたら…、タイムマシンがあればその変更が可能になるでしょう。

ただ、みんなが自由に過去を変更していたら、現在はまったく定まらないと考えられます。

意見①のように、B大学を受験して合格した場合、その代わりにおそらく誰かが不合格となるわけで、その人にとってみれば「過去が変えられたことで今がより悪くなる」ことになります。

さらにこんなことも起こるでしょう。

「昨日あった会社が今日はなくなっていた。どうやら創業者が過去を変えて別の事業を始めたかららしい」「応援していたはずのアイドルが突然テレビから姿を消した。どうやらアイドルになってみたけれど、やっぱり会社員がいいと感じ、アイドルになった時の年齢に遡って自分を説得したらしい」

もし、そんなことが日常的に起こるとしたら、何も信用できなくなるでしょう。地球にいる約75億人が、毎日多くの決断をする中で今の世界ができているわけですから、それが日々あちこち変化する世界は、住みにくくて仕方がありません。

過去に遡って、現代を変えたいというタイムマシンの使い方が、もし現実のものになるとしたら、おそらく様々な決まりが作られると考えられます。映画やアニメ、ゲームに登場するタイムマシンの場合、タイムマシンを貴重なものとしたり、時代を変えてはいけないとしたり、様々な設定で混乱が起きないようにしています。

●アニメでは、タイムマシンで未来が変わるが…

タイムマシンの存在は、常に人々の関心を集め、多くの映画やアニメ、ゲームなどに登場します。機械に乗って時を渡るタイムマシンの他にも、様々な演出で時間移動が行われています。

瞬間移動のもつれなどで突然違う時代に移動したり、特殊な能力によって時を渡るキャラクターが存在したり、その演出は様々です。多くの場合、時間移動は物語を作り上げる重要な役割を担っていて、「過去に渡って未来を変える」という奇跡が描かれます。

誰もが知る大人気漫画「ドラえもん」は、ドラえもんの存在自体が未来のロボットです。タイムマシンなしではドラえもんとのび太の出会いはありませんでした。時を超えるという発想が主軸となって、物語全体を支えています。長編では、特にタイムマシンは重

要な役割を果たし、過去を変え、今を変えるストーリーが描かれています。

２０１６年に爆発的なヒットとなった映画「君の名は。」は、少し変わった使い方で時間を繋いでいますが、「過去に渡って未来を変える」という視点は、時間移動の王道の使い方と言えるでしょう。これについては後ほどもう少し触れます。

このように、時間移動は表現が多彩で、物語に普通では表せない意外性のある展開を生むことができるため、頻繁に使われるのでしょう。あなたも、もし、時間移動ができたら…と一度くらいは思ったことがあるのではないでしょうか？

みんなが自由に「過去」を変えることができたら、「現在」は大混乱する

opinion 意見②

たいていは時間を移動した本人や、場合によっては関係者だけが時間移動によって未来が変わったことを知っています。これを毎回不自然に感じてしまいます。

時間移動をして世界を救った主人公やその仲間たち以外の人は、「世界がある瞬間に変化したことを知らない」場合がほとんどです。彼らは、「今」歴史が変わり、「過去」が塗

り替えられたのにもかかわらず、もともと塗り替えられた過去が本来の過去であるようにふるまいます。ここで、出てくるのは、「過去が変化したために、事実は無数に変化するはずだ」という疑問です。

●タイムマシンが引き起こす矛盾を考えてみよう

たとえば、はるか昔に病気で亡くなったマツという人がいたとします。現代では完成している手術法をタイムマシンでマツの時代に持ち込み、マツを助けに行ったと仮定します。そして、助かったマツはその後1人の子どもを産んだとしましょう。この子どもは、タイムマシンによりマツの運命が変わったことで生まれた命です。

そして、その子どもはまた子どもを作り…現代にたしかにマツの子孫が存在しています。その家系は輝かしいもので、総理大臣を務めたタロウもいれば、シンガー・ソングライターとして数々のヒット曲を世に送り出したスミレもいました。事業家として成功したコウタもいます。

…とした場合、それらはいつからこの世に存在したことになるのでしょうか？　マツが

タイムマシンと時間軸

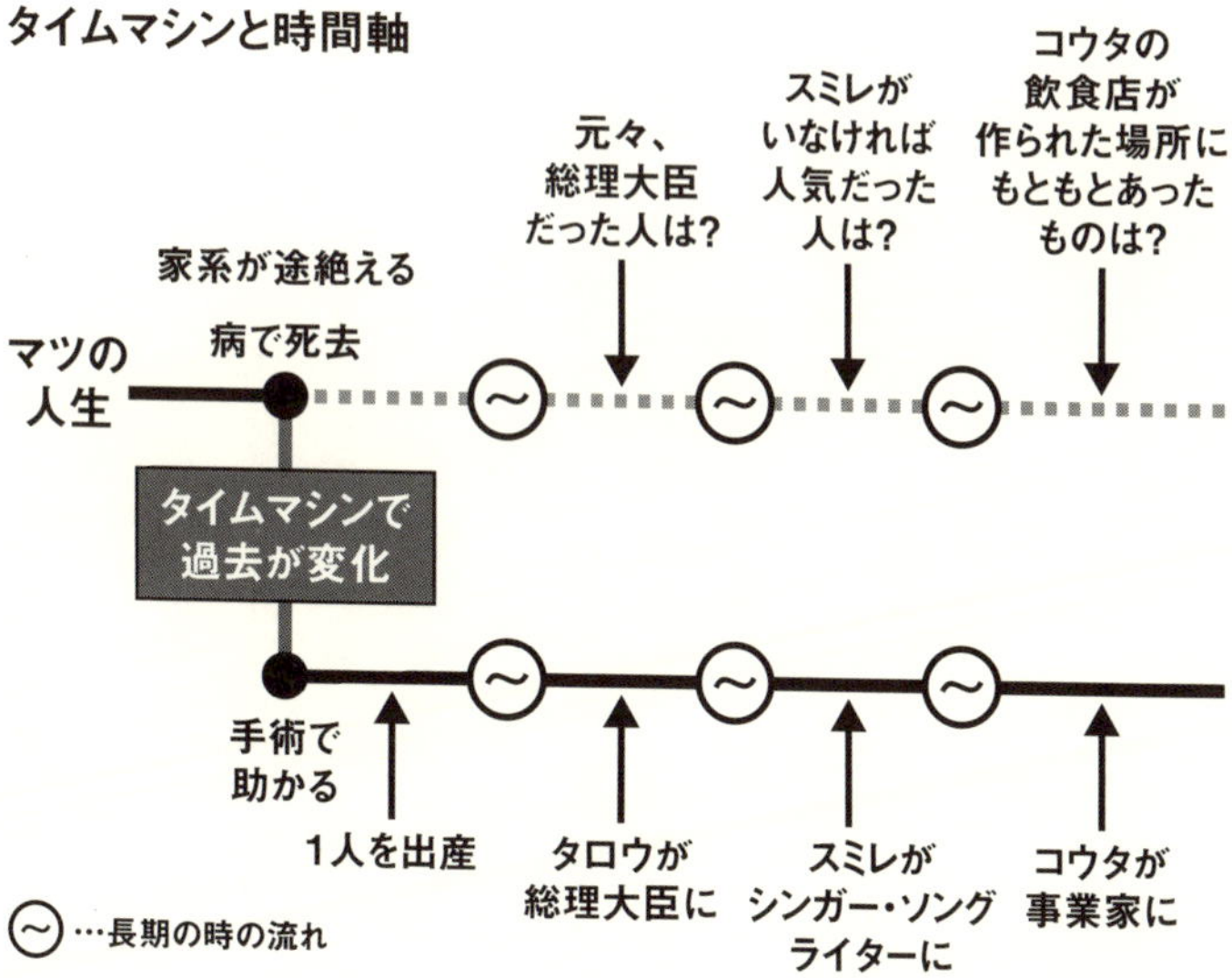

病気で亡くなっていた〝もともとあった世界〟では、存在しなかったはずの人々です。

子孫たちは、どの瞬間からこの世に存在していたことになるのでしょうか? タイムマシンでマツが助かる前、タロウが総理大臣を務めていた時代の総理大臣は誰だったのでしょう? スミレが世に送り出した楽曲は単に「存在しなかった」ことになるのでしょうか? コウタが作った会社や、会社の社員や関連会社は?

現代から見ると、マツが手術で生還した瞬間に、総理大臣はタロウだったことになり、スミレというカリスマ的なシン

ガー・ソングライターがいたことになり、コウタが作った会社が世に浸透していることになるのでしょうか？

そうなると、マツが病で死去していた場合のタロウの時代の総理大臣は、マツが助かった瞬間に総理大臣経験者ではない人生を歩んだことになるのでしょうか？

本来は絶大な人気を誇った歌手が、マツが助かったことで誕生した、スミレの人気に押されてそれほどの人気を得ることができなかったとしたら、その歌手はある日突然過去の記憶が変わるのでしょうか？　ファンの記憶も？

コウタが事業家として様々な会社を作り、飲食の分野でもチェーン店を次々に作ったとしましょう。マツが病で死去していたもともとの世界では、その飲食店のあった場所には別の建物が建っていた可能性が高いでしょう。その建物はどこに消えたのでしょうか？

住んでいた人がいたとしたらその人は、突然違う場所に住処《すみか》を移され、その記憶が植え付けられるのでしょうか。1つの命を救うことで、こんなにも「その後の世界」に多くの影響が出てしまいます。

このように、タイムマシンは様々な矛盾を引き起こします。さらに、映画を元に考えてみます。

2002年にアメリカで公開された映画「タイムマシン」では、主人公が時を超えて過去を変えようとします。プロポーズの日に強盗に襲われ命を落とした恋人のエマ。そのエマを救うために、主人公は4年の歳月をかけ、タイムマシンを開発します。そして、プロポーズの日、つまりエマが亡くなった日に戻り、エマが強盗に襲われた場所を避けて行動しますが、今度は馬車の衝突に遭い亡くなってしまいます。

そして、主人公はタイムマシンで過去に戻ってもエマの死という過去を変えることはできないのだと悟り、未来に答えを求めて80万年後の世界に旅立ちます。

何度過去に戻っても、エマの死、つまり「過去」は変えられないということが物語の柱の1つとなる設定です。このように、時間移動により何かを変えようとしても、確定した運命が存在するので変えられないという設定は、タイムマシンを用いたストーリーにはしばしば見られます。

しかし、ここで注目したいのは、主人公の視点からは「恋人の運命が変えられない」となりますが、殺人を犯さずに済んだかもしれない「強盗の運命」は変えたのではないでしょうか。また、馬車の運転手の人生の歯車は大きく狂ったでしょう。

さらに、主人公は4年の歳月をかけてタイムマシンを作り、4年前に戻ったわけで、エマの視点からは突然4年後の恋人が目の前に現れることになります。さらに、4年前の主人公から見れば、恋人にプロポーズしようとしたら、誰か別の男（自分）と一緒にいる恋人を発見するのかもしれません。

このように、たいてい、過去は変えられないとするのは、物語のメインキャラクターの視点でのみ語れるものだったりします。主人公が4年前に渡り、行動を起こした時、現代では、馬車の運転手は突然事故を起こした人に変わるのでしょうか？

昨日まで普通に過ごしていたのに、主

映画「君の名は。」

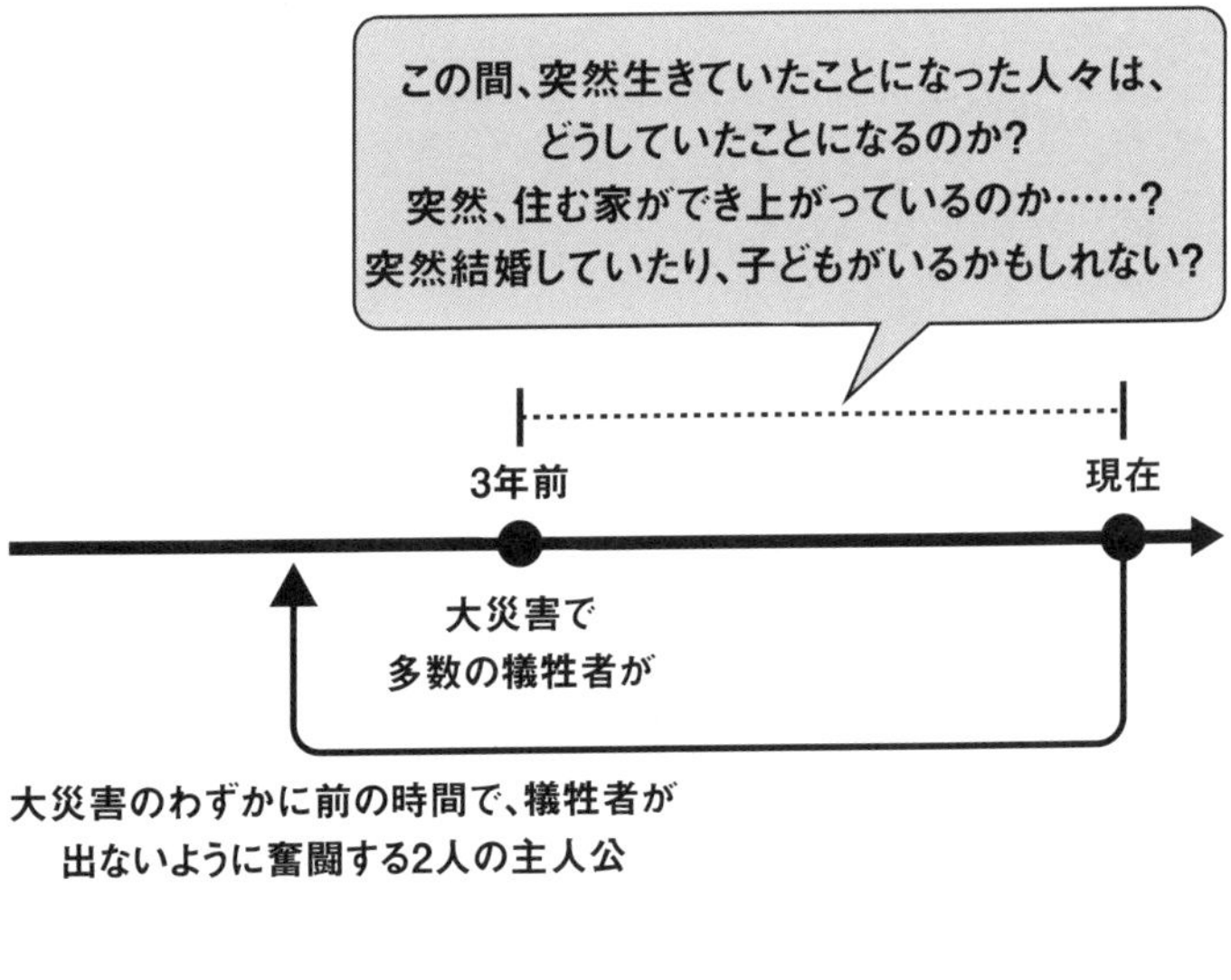
この間、突然生きていたことになった人々は、
どうしていたことになるのか？
突然、住む家ができ上がっているのか……？
突然結婚していたり、子どもがいるかもしれない？
3年前
現在
大災害で
多数の犠牲者が
大災害のわずかに前の時間で、犠牲者が
出ないように奮闘する2人の主人公

人公が4年前に渡った日に突然「自分は4年前、馬車で女性を…」となるのではつじつまが合いません。

映画「君の名は。」では、3年前の大災害によって多くの人の命が失われました。しかし、2人の主人公の活躍で、失われていたはずの多くの人の運命が死から生に変わりました。3年前亡くなっていた人が生きていたことになった場合、亡くなってからの3年間はどうしていたことになるのでしょうか？

映画では、主人公たちを含め全員の記憶が新しい歴史のほうに塗り替えられ、これで一件落着というふうにハッピーエンドに向かいます。もし、3年前に遡って助かった人が、誰かを殺害したとしたら、その殺害された誰かがもともと生きていた時間はなかったことになるのでしょうか？

これらを「いや、そうではない」と、まったく別の角度から考える物理学の思考があります。

タイムマシンで「過去」を変えることによって「現在」が変わったとしたら、もともとあった「現在」はなかったことになる？

opinion 意見③

この世界とそっくりの、平行世界があるという設定を見たことがあります。もし、平行世界があるのなら、過去も未来も変えられないことになると考えられます。

1957年に、アメリカの物理学者、ヒュー・エヴェレットは、この世界は次々と無数の「パラレルワールド」を生み出しているとしました。パラレルワールドを日本語に直すと「平行世界」です。

この世界と同じような世界がいくつもできている、宇宙ごと分岐しているという考え方です。タイムマシンで過去を変えて未来を変えたい、という設定を作りたい時、パラレルワールドの存在はとても便利なものです。

ところが、普段生活している世界がA世界だとしたら、時間移動をした人はB世界にたどり着き、そこでもし、自分の過去を変え、A世界に戻ってきても、何も変わっていないということになります。

映画やアニメなどの時間移動でも、図のように、過去が変わったのは、もともと主人公に救われる運命にあった平行世界Bであって、A世界の人々にとっては、単に主人公が行

方不明になっただけです。

エヴェレットは、パラレルワールドは刻々と、無数に生まれているとしました。もしかしたら、意見①の「B大学を受験した」パターンの世界もすでに存在しているのかもしれません。

映画「君の名は。」で、大災害で多くの人の命が失われたパターンの世界も、逃げることに成功したパターンの世界も、すでに存在していて、ただ、主人公の主観が希望するパラレルワールドに移動しただけなのかもしれません。

マッの子孫たちがいる世界といない世界が、同時に存在しているのかもしれません。

パラレルワールド(平行世界)とタイムマシン

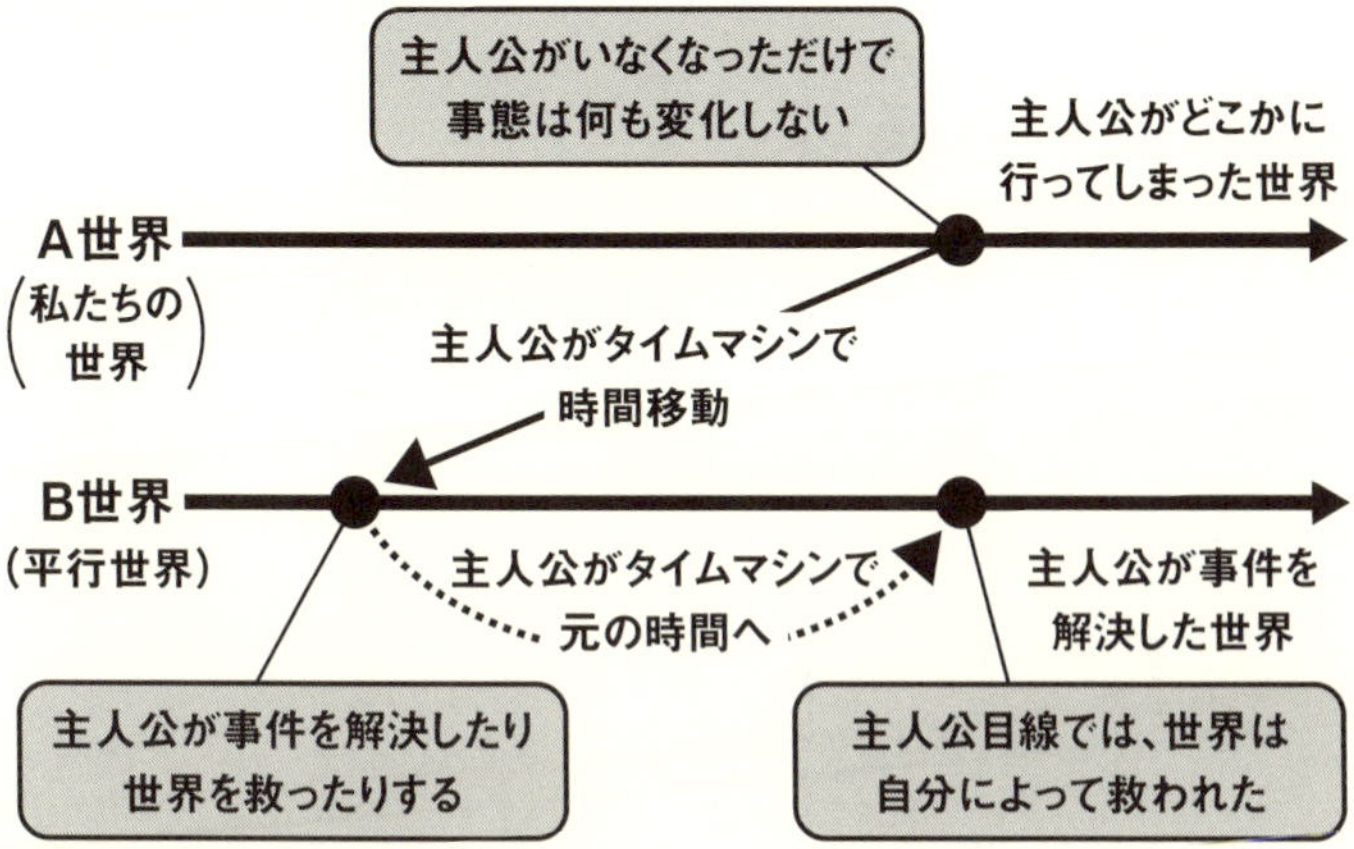

平行世界の過去を変えても、元の世界の過去は変わらない

このように、物理学の世界はファンタジーの世界をも「本当かもしれない」ととらえる柔軟な思考と、それを追い続けるための論理的な思考が入り混じっていて、不思議な魅力を放ちます。

タイムマシンで「平行世界」の過去を変えたとしても、元の世界の「現在」は変わらない？

では、もう1つ、物理学の世界を覗いてみたいと思います。

opinion 意見④

もし、タイムマシンで未来に行けるとしたら、未来はすでに作られていることになります。西暦2500年の日本もすでに存在してるわけです。まだ未来はできていないので、タイムマシンという概念はおかしいのではないでしょうか？

もし、タイムマシンで未来に行けるとしたら、未来は今、すでに存在していることになります。

つまり、未来はもうすでに決定しているということです。来年起こる出来事も、誰がいつこの世を去るのかも、30年後の世界も、10万年後の宇宙も、すべての未来は決定していることになります。

この地球では同じ時をすべての人が等しく歩んでいて、日本で1年が経過すれば、フィンランドでも、ブラジルでも、エジプトでも、どこでも等しく1年が経過することを私たちは知っています。時間はとても身近にあるものですが、その正体が何かと聞かれてもなかなか答えに困るでしょう。

物理学では、時間はすでに同時に存在しているという考えがあります。つまり、過去も、現代も、未来も、同時に存在しているということです。ただ、次元が違うために行き来できないのです。もし、これが本当だとしたら、意見③に対する答えになるでしょう。たしかに未来はすでに存在しています。

私たち人間は、普段、現在のみをとらえて生活しています。テレビを見ていて、1秒前の画面と、2秒前の画面と、今の画面が重なって見えたりはしません。常に今の画面だけが見えています。

もし、1秒前や2秒前の画面が一緒に映っていたとしたら、鬱陶しいですよね。しかし、そう感じるのも、脳が今の状態だけの処理でいっぱいいっぱいになるからです。

もし、いくつもの瞬間を同時に処理できるなら、いくつもの時間を同時に感じながら生きることもできたのかもしれません。過去と、すでに存在する未来を、私たちはとらえることができないから、現代しか見えないとも考えられるのです。

これが正しいなら、過去も未来も変えることはできないのでしょうか。すでに過去も未来も確定しており、同時に存在しているなら、変えることは難しいように考えられます。しかし、先ほどのパラレルワールドが存在するならそれも可能なのでしょう。

たしかに、パラレルワールドや同時に存在する時間という概念は、物理学の世界でも、存在が証明できない難題ですから、私たちの感覚ではなかなか信じられるものではありません。

ただ、タイムマシンの存在や、パラレルワールドが本当かどうか、の答えを出すことは望めなくても、「もし、こうだとしたら…?」と考えることで、思考の視野を広げ、様々なアイデアを一度取り入れてかみ砕く柔軟性を大切にすることを学びたいですね。

何事も、「そんなことはできるはずがない」という思考は、可能性を一気に低いもの、

またはないものにしてしまいます。

👉 **タイムマシンで未来に行けるとしたら、未来はすでに確定していることになる？**

●タイムマシンは作ることができる？

時を超える方法は日々研究されており、現在だいたい2つくらいあると考えられているようです。

・光速かそれ以上で動く。
・ワームホール（時空間に空いたトンネル状の天体）を通過する。

光速以上で動くには莫大なエネルギーが必要になり、不可能とされていますので、ワームホールの可能性を探る研究者が数多くいます。

仮にごくごく小さなワームホールを作れたとしても、人が通過できる大きさではなく、

メッセージを送るくらいが限度という研究があります。もしかしたら将来、未来からのメッセージが届くことがあるのかもしれませんね。

先ほどのパラレルワールドと同様に、もしかしたら、ばかばかしいと思われたかもしれません。しかし、最初から「あるわけがない」と結論づけたり、「考えてもわからないものを考えても仕方がない」と考えるのをやめてしまうのではなく、その世界観を想定して思考することで、新たな視点で考える練習としたり、論理的な思考を展開してロジカルシンキングを身につける材料としたり、視野を広げようと考えれば、時間旅行の世界も楽しめるのではないでしょうか。

もし、タイムマシンが目の前にあったとしたら、あなたはどの時代に行ってみたいですか？　未来？　過去？　それともパラレルワールド？

第2章

「自分」は不思議

地頭を鍛える思考実験

「自分」は脳の中にある？「体」の中にある？

「入れ替わった男」の問題

ある秋の日の朝、病院の一室でベッドに横たわる男が目を覚ましました。

「笹井さん、笹井さん、大丈夫ですか？　手術は無事成功しましたよ。ご安心ください」

「…？？？」

「笹井さん？　どうしましたか？　今、ご家族も病院内にいますから呼んできますね」

「…？？？　えっと…？」

「どうかしましたか？」

「笹井さんって…誰ですか？」

男は「笹井」という聞きなれない名前に困惑していました。自分は「笹井」ではない。

それはたしかな事実だったのです。

「笹井さん、まさか記憶が…？」

心配する看護師に男ははっきりとした口調で言いました。

「いえ、記憶はあります。この病院に来たことも、手術室に入った記憶もありますし、それ以前の記憶もしっかりしていますよ」

「そうですか。よかった。先ほど『笹井さんって誰』とおっしゃったものですから。もうすぐご家族がいらっしゃいますよ」

「家族って、笹井さんご一家ということですか？」

「笹井さん…？　ええ。はい。笹井さんのご家族です」

「私は林田です。笹井ではありません。ですから、林田の家族を呼んでいただけますか？」

「え!?　林田さん…？　いえ、眠っているあなたを見て、笹井さんのご家族がミノ

ル、ミノルと声をかけてました。とても他人とは…」
看護師は状況が理解できないという表情をしています。

「ミノル…？　私の名前は林田サトシです。つまり笹井さんはミノルという名前なんですね。笹井ミノルではありません。あれ…？　おれ、こんなところにほくろあったっけな…」

一瞬、看護師の顔が凍りつきました。

「ちょっとお待ちください…！」

そう言うと、急いで病室を出ていきました。

「新塚先生！　大変です。笹井ミノルさんが目を覚ましたのですが、自分のことを林田サトシと言っているんです…！　笹井さんと林田さんは同日に手術したお2人ですよね？　その…脳を取り出して人体の外で手術をして脳を戻すという手術でした。まさか、戻す体を間違えてしまったのでは…」

この手術の執刀医、新塚をはじめ、その場にいた全員の顔が凍りつきました。

「大変なことになった。もうすぐ林田さん、いや、自分のことを『笹井』だという林田さんが目を覚ますぞ…。負担の多い手術だから、元に戻すことはできない。納得してもらうしかないいな」

その後、体が林田サトシで、脳は笹井ミノルである男も目を覚まし、両家の親族や知人

が集まってきました。

「おいおい、林田くんに会いに来たのに、『あなたは誰ですか？』なんて言われてしまったよ。私は上司だろう…。入れ替わりは本当なのか？　となると、退院したら笹井さんという人がわが社に出社することになるのか…？　あ、いや、それでも林田くんと呼ぶべきなのか？」

「ミノルちゃん、どうしちゃったのよ。おばあちゃんの顔がわからないなんて。自分はハヤシダサトシだなんて、わけのわからないことを言っているわ。え？　ミノルちゃんはあっちの部屋にいるの？　そんなわけないわ。私に似た顔のミノルちゃんはこっちの子よ」

現場は混乱を極め、両家の親族や知人たちの間で、今後どちらを林田サトシ、どちらを笹井ミノルと呼ぶべきかという議論が巻き起こりました。活発な議論は長時間続きましたが、結局は、本人が、体ではなく脳に従って、一方は笹井ミノルと言い、もう一方が林田サトシと言っているのだから、それに従おうという結果になりました。

この結論をどう考えますか？　どちらが林田サトシで、どちらが笹井ミノルと考えるべきなのでしょうか？

ここでは、自分を「林田である」と話す、外見が笹井ミノルの男性を「脳を優先」させて、林田サトシと考えるのか、「外見を優先」させ、笹井ミノルと考えるのかという2つの方向からこの思考実験を考えてみたいと思います。

まずは、双方の見方について、自分なりの考えをまとめてみてください。もし、ディベート（あるテーマで、2つの異なる立場のチームに分かれ討論すること）で、それぞれの立場だったらと想像してみると、考えがまとまっていくでしょう。

opinion **意見①**

本人が「林田サトシ」と言うのなら、その人は林田サトシというよりほかにはないでしょう。彼にはしっかりと過去の記憶もあるのだから、体より脳を優先すべきです。

物語の体が笹井ミノルである男性は、「笹井さん」と呼ばれても、自分は林田サトシであると言いました。他方で、外見が林田サトシである男性は、自分を「笹井ミノル」であると言うでしょう。

人は、今日の自分が昨日の自分と同じであることを、記憶が連続していることで認識します。昨日の私と今日の私を繋げる糸は「昨日も、5分前も、私はたしかに私だった」と

いう記憶なのです。

ですから、記憶が抜け落ちると、「自分は誰なんだろう?」となります。その記憶から見れば、突然外見が変わってしまったという受け入れがたい事実が襲ってきたと感じられるはずです。

物語の林田サトシと名乗る男性は、たしかな記憶の連続から、今の自分がたしかに「林田サトシ」であると主張しているのです。記憶が宿る体が変化したと考えて、本人が別の体に移動してしまったとするほうが納得できそうです。

たとえば、ネコの着ぐるみを着た人が、次にイヌの着ぐるみを、さらにはキリンの着ぐるみを着てもたしかにその人であることに変わりはないように、物語の男性も、体が変化したところで林田サトシであることに変わりはないでしょう。

脳の中の「自分」という記憶が連続しているから「自分」だと言える。だから、脳が優先される

opinion 意見②

中身が入れ替わっても、周囲の多くの人は外見でその人が誰であるかを判断するしかありません。社会的に見て、外見と一致させるほうを選ぶべきでしょう。

本人がいくら「林田サトシ」であると話したとしても、体が「笹井ミノル」であるならば、社会は笹井ミノルとして見るでしょう。

指紋認証やパスポートの写真など、重要な本人確認は外見を元に行われますから、社会が林田サトシと認めるのは、顔や体やＤＮＡが林田サトシである人物です。

たとえば、有名な「くまモン」などのご当地キャラは、中にどの人が入ってもそのキャラクターであることに変わりはありません。

それと同じように、外見が「笹井ミノル」であるならば、その人が「笹井ミノル」と言えるでしょう。意見②はこのようなものです。

次に、家族から見た場合や、知人から見た場合について考えてみます。

本人確認は、外見を元に行われる。だから顔や体を「自分」と見なしてもいい？

opinion 意見③

家族は、自分たちを認識してくれるほうを家族として認めたいはずです。このことから、脳に準ずるべきです。

もし、愛する家族が今回の手術によって入れ替わってしまったとしたら、どちらを本人と感じるでしょうか。

おそらくは自分のことを認識してくれる、自分との過去の話ができる人のほうを本人と見なすでしょう。もう一方の人は、外見は家族と同じですが、思い出話はまったく通じませんし、自分たちへの愛情もありません。他人の記憶しかないのですから当然です。

知人から見た場合、家族ほど深刻ではありません。最初は混乱しますが、慣れてしまえば、入れ替わった外見を受け入れ、脳の持ち主と接するでしょう。

「体が変わってしまって大変だな。何もできないけど、同情するよ」

関係の深さにもよりますが、知人の場合、外見が同じほうを本人とする場合でも対応は不可能ではありません。

「僕は前の君と付き合いがあったんだよ。だから今後もよろしく」

社会での役割としての人間関係であれば、入れ替わった本人がそれを演じてくれれば成立するとも考えられます。

＊＊＊

おそらく、ほとんどの人は意見①の、外見が「笹井ミノル」であっても脳や記憶に従って「林田サトシ」とするほうに共感するでしょう。

アメリカ南西部に位置するアリゾナ州に拠点を置くアルコー延命財団という非営利団体では、遺体を冷凍して、未来に蘇生技術が開発されるのを待つという活動をしているらしいです。

希望者は人体全体の冷凍か、それより価格を抑えて脳のみの冷凍かを選ぶことができるそうです。体のみではなく、脳のみというところからも、その人がその人であるために必要なのは脳であると考えるほうが自然のようです。

この団体ではありませんが、脳を若い体（脳死状態の体）に移植することで生きながらえるという「永遠の命」を得る方法も考えられているといいます。

継続した体より、継続した記憶こそがその人がその人自身であることで、その人が自分

でいられるのは脳があるからこそということでしょう。

家族や知人などは、関係の深さによって脳を優先したり、体を優先したりする？

ここからは、「笹井ミノル」と「林田サトシ」とは違うケースで心と体の入れ替わりを見ていきたいと思います。

設定が変わると、思考がどう変わるのか？　違った結論が導き出されるのか？　を考えてみてください。

●3つの例から見る、脳と体

ケース❶　女性アイドルと高齢男性

1つ目のケースは、「女性アイドル」と「高齢男性」です。

もし、20歳の女性アイドルと、80歳の男性の脳が入れ替わったと考えたら、「笹井ミノ

ル」と「林田サトシ」の時とまったく同じように考えられるでしょうか？

もし、こんな入れ替わりが起こったとしたら、新聞やネットニュースではどうやって報道されるでしょうか？

「80歳の男性が、若い女性の体を手に入れてしまった」

「弱冠20歳で体が老人になったアイドル」

などと、「体が入れ替わってしまった」ことに重きを置いた報道が予想されます。

一方で、こんな可能性もあるのではないでしょうか。

「アイドルの心は80歳男性⁉」

これは、アイドルの女性がキャラクターとしてとらえられた例です。人前に出るキャラクターとして考えると、そのキャラクターに、80歳男性の性格や考え方、記憶が宿ったとも考えられます。

そして、体が20歳のアイドルである80歳の男性は、「アイドル」を演じることで、少なからずそのキャラクターとして仕事をしていくことができる可能性はあります。

80年分の経験値を持ったまま、体に一致するかのように精神的にも若返り、性別の不一致も他にはない特徴として、「アイドル」としての商品価値を高める武器になるかもしれません。

そして、これを可能にしているのは「20歳のアイドル」としての体を持っていることです。見ているほうも、外見の一致から、同じキャラクターとして見ることになるでしょう。

一方で、80歳の男性の体を持った20歳のアイドルは、アイドルとしての仕事をすることはまず不可能でしょう。60歳も年を取ってしまったうえに仕事を失った現実を受け入れることは難しく、この入れ替わりが彼女にとっては、ただただ不幸な事故として報道されることは想像に難くありません。

このように、仕事によっては、脳よりも体によってそのキャラクターとなり得るということもあるようです。

ただ、このケースであっても、家族など、キャラクターとしてではないその人を知っている人にとっては「笹井ミノル」と「林田サトシ」と同様に脳が一致しているほうを本人と見なすでしょう。

ケース❷ 男性スポーツ選手と同年代の女性

次は「男性スポーツ選手」と「同年代の女性」のケースを考えてみます。

男性スポーツ選手が女性の体になってしまったら、同じ成績はまず出せませんし、男女別の大会であれば出場もできなくなります。いくら自分が「林田サトシだ！」と訴えて

も、それは覆りません。

今まで、生活のすべてをそのスポーツに捧げてきたとしたら、人生を奪われたと考えても大げさではないでしょう。記憶を元にどんなに努力を重ねたとしても、性別の壁は超えられません。

一方で入れ替わってしまった男性スポーツ選手の体をした女性は、もしかしたらその体でオリンピックのメダルを取得し、「私が頑張ったから獲得したメダルだ」と我がことのように喜ぶかもしれません。

もちろん、脳に刷り込まれた記憶があってこそのスポーツですが、環境と体は整っていますから、みるみる上達するのは目に見えています。そして、得られた結果がものを言うスポーツの世界では、成功者としてその実績を評価されるでしょう。

その後の人生も、その競技のインストラクターなど、将来を約束される人生を送ることができる可能性も高まってきます。

「次は金メダルを取りたいです！」

この言葉が、入れ替わった女性の本心から出た言葉だとしたら、この女性は、自分としてではなく、体の持ち主の男性の人生を生きているとも言えそうです。

ケース❸ 異国の2人

最後にもう1つ、別の設定を見てみます。

もし、15歳の時、ある日突然遠い異国の2人の脳が入れ替わったとしましょう。言葉が通じないため、なるようになるしかなく、結局そこで生活することになった両名。入れ替わりを言い出すタイミングを見つけられないまま、20年が経過し、2人は35歳になりました。

20年も経ったのですから当然のことですが、2人はそれぞれの生活にすっかりなじんでいます。入れ替わりのことは過去の出来事になり、今の自分を自分と受け入れて、生きていると想像できます。

この場合、どちらを本物とすべきか、最初の例とは変わってくるでしょう。入れ替わった後の記憶のほうが長く、そこで人間関係も築いているからです。もし、元に戻ったとしたら、周囲の人はそれこそ「入れ替わってしまった」と感じることになります。

2人は事実を理解し、それぞれの家族と感動の再会を果たす日が来たとします。その場合、両家族は急接近するでしょうが、2人は20年を生きた自分の役割を離れることはしないのではないでしょうか。

納得のうえで入れ替わった自分を受け入れ、それぞれの人生を歩む可能性が高いでしょう。

しかし、この話も、それぞれの経済状況の格差や、体の健康状態などによってはもめごとに発展するかもしれません。

このように、心と体の入れ替わりは、設定を変えるだけで結論もまったく変わってきます。

基本的には記憶及び脳を中心に誰であるかを決めるほうが支持されるでしょう。しかし、それによって片付けられない様々なケースも生まれてきそうです。

脳の入れ替わりは少なくとも現在ではまだあり得ないことであり、このような話は思考実験の中でしか存在しませんが、自分が自分である理由は何か、見えてくるものもあったのではないでしょうか。

次は「自分とは何か」を別の角度から考えてみる思考実験をやってみましょう。

Thought experiments

どちらが本物なのか？

「半分になった脳」の問題

ある時、事故で体に甚大なダメージを負った1人の男（青木マサヨシ）が病院に担ぎ込まれてきました。

この男性を見た1人の医者は、自分が手術をしようと名乗りを上げ、手術室に向かいました。じつは、この医者はマッドサイエンティスト（狂気の科学者）という裏の顔を持ち、仲間の看護師たちとともにある実験を行うことにしました。

「この体はもうもたないだろう。そこで、脳を新たな体に移植する。しかも左半分と右半分を別々の体に移植するのだ。ちょうど都合よく脳死状態にある2人の肉体がある。この2人にこの男性の脳を移植しよう」

数日後、青木マサヨシの脳を移植した人物は、ほぼ同時に目を覚ましました。

「ああ、俺は助かったんだな」

「自分のお名前、わかりますか？」

興味津々で尋ねる医者に男は落ち着いて答えました。

「青木マサヨシです」

次に、医者はもう1人がいる病室に行き、同様の質問をしました。

「青木マサヨシです。あの、体に違和感があるのですが」

医者は1人が2人になったと確信しました。

「手術は成功したのだ。この先どうなるか、これは興味がある」

2人の〝青木マサヨシ〟は順調に回復し、ついに退院の日を迎えました。

「青木さん」

「はい、なんでしょうか」

「じつはですね、お伝えすべきことがありましてね」

医者はこのまま退院させるわけにもいかず、事情を話しました。

「いや〜、2人分両方ともうまくいくなんて、天文学的確率だったかもしれません。でも、あなたの体は完全に手遅れでしたから、脳だけでも助かってラッキーだと思ってください。体の持ち主にも説明はしてありましたから、2人になっちゃいましたけれど、何とかなるでしょう？」

さて、2人の〝青木マサヨシ〟は、どちらが本物なのでしょうか？

前回の思考実験の変化版です。「脳を半分にして生きているわけがないし、左右の脳では働きが違う」と、所々に引っかかりがあるでしょうが、そこはこの思考実験では無視して考えてください。2人ともまったく同じ能力と記憶を発揮できる状態であるとして進めていきます。

2人の青木マサヨシは、どちらも「自分が青木マサヨシである」と何の疑いもなく答え、突然現れたもう1人の自分に困惑しています。

2人とも、手術前の青木マサヨシが住んでいた家を自分の家と言い、自分が休んだことで影響が出てしまった仕事を気にし、外見が変わったことを気にしつつも、早く元の生活に戻りたいと考えています。

しかし、そのためには目の前に現れたもう1人の自分を何とかしなければなりません。

本物の青木マサヨシはどちらなのでしょうか？

opinion 意見①

2人とも本物の青木マサヨシです。脳が半分になっただけですから、どちらかが本物という考えはあり得ません。どちらを偽物と考えてもまったく根拠が見つからないからです。

2人の違いは体がそれぞれ別人であること、右脳と左脳であることだけです。記憶も、性格も、事故前の青木マサヨシそのものです。

意見①のように両方を本物とするなら、仕事はどちらのものでしょうか？　家はどちらのものでしょうか？　老後の年金は？　パスポートはどちらのもの？　パソコンはどちらが使う権利を持つのでしょう？　戸籍はどちらの青木マサヨシのものになるのでしょうか？　青木マサヨシが結婚していたとしたら妻は？　子どもは？「2人のもの」とすることができないのはすぐにわかります。

つまり、どちらも本物とするとこれらの問題で躓《つまず》いてしまうのです。

こう考えると、両方が本物であることはあり得ません。

2人の人間を本物と見なすことは、社会的にあり得ない

opinion **意見②**

どちらかを本物と決めるべきです。権利関係をはっきりさせないと、社会で生活を送るうえで障害が多すぎます。たとえば、先に目を覚ましたほうを本物とするのはどうでしょうか？

先ほどは、家や年金や仕事や、その他多くの個人の財産や人間関係の問題で、どちらも本物とすることはできないと結論づけることになりました。それでは、どちらかを本物とすることでこの問題は解消するのでしょうか？

意見②にあるように、先に目を覚ましたほうを本物とするのはどうでしょうか？

おそらく多くの方が直感的に「先に目を覚ましたからって本物というわけではない」と考えたのではないかと思います。もし、法律にはっきりと明記されているのなら納得もできるでしょうが、もちろんそんな決まりはありません。

もし、片方の青木マサヨシが「先に目を覚ましたほうを…」と言い出すなら、「先に手術で脳を移植されたほう」とか、「移植された体の年齢が高いほう」とか、武器にできそ

うなものは何でも持ち出して反論するでしょう。

さらには、「事故で操作を誤ったのは右手だから、左脳を所有する体のほうが悪い（右手を司るのは左脳）から、右脳を所持する青木マサヨシを本物とすべき。左脳は悪いことをしたのだから諦めればいい」という意見まで飛び出すかもしれません。

どちらかが本物と決めようとするなら、裁判沙汰になり泥沼化するのは目に見えています。そして、本物がどちらかを決める手がかりは見つかりません。

どちらかが本物と、みんなが納得する手がかりはない

opinion 意見③

2人とも青木マサヨシではありません。体の持ち主である2人が意識を取り戻したと考えるべきです。権利関係もその2人のものを適用すれば問題ありません。

これは、脳と体、どちらを本物と見なすのか？　という問題にかかわってきます。

「入れ替わった男」の思考実験で見てきたとおり、体より記憶が連続しているほうを本物と見なすほうがよさそうです。

そう考えると、意見③のように、「体の持ち主が意識を取り戻した」と考えるのは、2人の青木マサヨシ本人がそう納得できないという結果になるでしょう。

「そんなことを言われても、自分は青木マサヨシなのだから…」となります。

しかし、権利関係を考えると、2人が青木マサヨシというのはあり得ないのですから、形だけ体の持ち主のものを使うという選択肢も考えられます。あくまで形式上、体の持ち主の権利を使うけれども、心は青木マサヨシという状態です。

たしかに、社会的に、建前として、体の持ち主の権利を使うなら、2人は落としどころとして納得はするかもしれません。しかし、すっきりはしませんね。単につじつま合わせとして体の持ち主の立ち位置を利用しただけだからでしょう。

これにも様々な問題が生じてきます。

・体の持ち主の家族は納得するのか？　他人に財産を奪われたとは考えないか？
・青木マサヨシの仕事や財産はどうなるのか？
・青木マサヨシに借金があったとしたらどうなるのか？
・青木マサヨシに妻や子どもがいたとしたら、彼女たちはどうなるのか？

もし、これらすべてがクリアできるなら、これでいいのでしょうか？　この思考実験で考えていたのは「どちらが本物なのか？」でした。

意見③は、結論としては、本物がどちらかという問いには決着をつけず、体の持ち主の体を借りて、2人ともが「自分が青木マサヨシだ」と譲らないまま人生を歩むということです。

もしかしたら、実際にこのようなことが起きたら、この答えのようになる可能性もあるかもしれません。しかし、「どちらが本物なのか？」という問いへの答えにはなっていません。

本物がどちらか？　という「問い」への答えには決着をつけず、現実に即した答えを見つけたほうがいい？

opinion 意見④

どちらが本物か？　という問い自体が間違っています。だってどちらも本物との距離はまったく同じですし、それぞれの意識を持っていますから別人です。どちらが本物であるかと話し合うこと自体が不毛な議論です。

たとえば、リンゴを1つ買ってきて、半分に切り、片方をジャムに、片方をアップルパイにしました。「さて、どちらが元のリンゴでしょう？」と聞いても、意見④にある「不毛な議論」と言えます。

どちらも元は同じリンゴを使っていますから、糖度とか、量とか、栄養素は元のリンゴを引き継いでいます。しかし、元のリンゴそのものとは違う形になっています。

もし、「どちらが本物の元のリンゴ？」と聞いたなら、その問題には答えようもなければ、質問の意味もよくわかりません。

「どちらが本物か？　という問い自体が不毛な問いなのだ。いくら考えても無意味な質問に答えはない。ただ、事実として、2人とも今はすでに別々の意識を持った、別々の人間であることはたしかだ。ただ、青木マサヨシから見ると、ジャムとアップルパイなんだ。これからのことを考えるしかない」とでもなるでしょうか。

ただ、2人の青木マサヨシも、アップルパイとジャムも、元をたどれば「同じ」ものに行き着きます。2人の青木マサヨシは元をたどれば体も青木マサヨシである同じ人物に、アップルパイとジャムは元をたどれば同じリンゴにたどり着きます。

「本物ですか？」ではなく、「同じですか？」であれば、また別の方向に考えを進めていくことができます。

思考実験「半分になった脳」は、どちらが本物かを考え始めた時点で袋小路に入り込み、抜け出せなくなります。

そんな時は、この悩み、この議題の方向性を変えたほうがいいのではないか？　というのも1つの突破口になり得ます。これはこの思考実験に限ったことではありません。

考えが袋小路におちいった時は、議論の方向性を変えてみる

さて、この思考実験は、突然脳が半分になるという、現実世界では考えにくい設定を考えてきました。ただ、現実にも、突然脳が半分になったり、MRIで調べてみたら脳の大部分が失われていたりといったケースも存在します。

事故や病気で、脳の半分をなくし、それでも問題なく生活している事例があり、それらの人はMRIで脳を撮影すると、たしかに脳は半分しかありません。

人の脳は変化が得意（可塑《かそ》性に富む）ですから、足りない分は他が補うようにできています。自分が何もしなくても、勝手に脳が、私たちが困らないように変化してくれるのですから、人体の驚異的な力を感じます。

私たちはきっと、本当はもっと〝できる〟のだと感じさせてくれますね。

川端康成がノーベル賞をとったのはいつ？

「知っている」と「知らない」の問題

私たちは、過去のことは知っていますが、未来のことは知りません。多分だいたいそうでしょう。

東京タワーの高さが333mであることを知っていますが、100年後にまだそこに同じ姿で存在しているかは知りません。作家・夏目漱石が、『吾輩は猫である』を書いたことは知っていますが、来年、どんな作家の小説が世に出るのかは知りません。

やはり過去のことは知っていますが、未来のことは知らないのです。

邪馬台国の女王が卑弥呼であることを知っていますが、30分後の天気は知りません。いえ、卑弥呼は実在の人物かも含めて、謎も多い人ですから、知っているとは言えないかもしれません。30分後の天気は…多分わかりますから、それを「知らない」と言えるのでしょうか？

「ちょっと、あなた、『カダナ』という国を知っていますか？　そうそう、あの赤いサトウカエデが中央にある国旗の…メープルシロップの…アメリカの北にある…そう！　その『カダナ』です。私はこの国が好きなんですよ」と言ったAさんがいたとします。このAさんはカナダのことを「カダナ」であると間違えて記憶しています。

この場合、Aさんはあの国の名前が「カダナ」だと知っていることになるのでしょうか？　間違ってはいますが、本人は「カダナ」であると思い込み、知っていると確信しています。

作家・川端康成が、昭和43年に日本初のノーベル文学賞を受賞したことは知っていますが、今年、誰が受賞するかは知りませ

ん。いえ、筆者は「昭和43年」という事実を調べてから書いていますから、知ってはいませんでした。

きっと筆者のように、年号を知らない人もいたでしょう。そして、年号を知らなかった人は今「知った」のでしょう。

ただ、3日後、ふと「川端康成がノーベル文学賞を受賞したのって何年だったっけ?」と忘れてしまう可能性も高いでしょう。筆者もこの本が出版される頃には忘れているかもしれません。

その場合、たしかに「知った」はずだけれども、今は「忘れて」しまったということになります。この、「忘れて」いる時に、「43」という数字を見て「あ!」と思い出したとしたら、次のどれになるでしょう?

A:忘れたものを、今思い出したのだから、もともと「知って」はいた。

B:すっかり忘れていたから「知らなかった」。そして、思い出して再度「知った」。

それとも、別の見方があるのでしょうか?

何をもって「知っている」と言い、何がわからなければ「知らない」と言えるのでしょ

うか。

海を見たこともなければ、映像や写真で「海」を見たこともないBさんに、とんでもなく広い水の世界である「海」のことを説明したとします。

Bさんはこの瞬間に「海」という存在を知ったことになるのでしょうか？

電化製品をまったく知らないCさんに、「冷蔵庫」のことを説明したとしたら、その時、Cさんは「冷蔵庫」を知ったことになるのでしょうか？

私たちはよく「知っている」とか、「知っていた」とか、「それは知らなかった」と言いますが、「知っている」とはいったいどういうことなのでしょうか。

opinion 意見①

30分後の天気はほぼ100%予想がついても、知っているとは言えません。事実そうなるかどうかはまだわからないからです。未来に起こることは、どんなに確実と思っても予想でしかないのです。邪馬台国の女王は、社会の共通の認識として、卑弥呼という名前で「知っている」でいいと思います。

まだ起こっていない現象について「知っている」というのは違和感があります。

では、見渡しのいい場所で、澄み切った青空が広がっている状態で、「3分後は晴れ」と言ったとしたらどうでしょうか。どう考えても、雲はありませんし、風も穏やかです。3分後に天気が変わっていることはないでしょう。もし、電話がかかってきて、「3分後に晴れていたら写真を撮ってほしい」と言われたなら、確信を持ってカメラの準備をするでしょう。

つまり、その時の自分は、3分後の晴れを確信しています。空の様子から、3分後が晴れであることを理解しているとも考えられます。それでも未来のことですから、「知っている」のはおかしいのでしょうか？

未来のことを言う場合、「知っている」と言えるかは疑問です。「見晴らしのいい場所で澄み切った青空を100回見たが、その3分後は100回とも晴れだった」という経験が記憶の中に蓄積され、その記憶と重ね合わせると、ほぼ100%先を見通せる状態であると考えるほうが的確で、3分後の空を実際に見たわけではありません。これを「知っている」と表現するのは正しいでしょうか？

私たちは、「自分がいつか死ぬ」ことを知っています。これと同じように、未来のことであっても知っていることはあるものです。ただ、自分がいつか死ぬことは知っていても、いつ、どこで、どのように死ぬのかは知りませんから、部分的な知識と言えます。

自分がいつかは死ぬとか、澄み切った風も穏やかな広い空があれば3分後は晴れということは、客観的に見ても正しいと思えますから、知識と呼ぶには十分な根拠があります。

そう考えると、客観的に見て正しいと考えられるものであれば、「知っている」と言っても問題はないでしょう。


この観点から考えると、邪馬台国の女王は卑弥呼だと「知っている」点は問題なさそうです。しかし、卑弥呼は実在自体も確実ではない、謎多き人物です。

もし、卑弥呼についての現代の知識が真実でないとしたら、間違ったことを「知っている」ことになってしまいます。この場合は、「疑いがある」ことを含めて知っていなければ、本当に知っているとは言えないのかもしれません。


しかしもし、「知っている」ことがどこから見ても間違いだとしたら、どうなるでしょうか？　それでも「知っている」ことになるのでしょうか？

次の意見では「間違った知識」について見ていきます。

まだ起こっていない未来のことも、客観的に見て正しいなら、「知っている」ことになる?

opinion 意見②

さすがに「カダナ」のAさんは、その国名「カナダ」を知らないので、間違っていると言えます。つまり、知らないのです。

「カダナ」という国は存在しません。試しにGoogleで「カダナ　首都」で検索すると、ご丁寧に「カナダ　首都」に置き換えて検索結果を表示してくれます。そして、「カナダ」の首都「オタワ」が表示されます。

Aさんは、「カダナ」と思い込み、たしかな記憶として話しています。この場合、Aさんはカナダのことを「知っている」とは言えません。カナダという国名は記憶にないのですから当然です。

「カダナ」を知っている?

カダナの国旗?

しかし、「カダナ」のことは知っているのではないでしょうか？　本人も知っていると確信しているはずです。なぜ、意見②のように、間違っているから知らないとなるのでしょうか。

「知る」を辞書で調べると、「物事についてたしかにそうだと認識する」とか、「気づいたり感じ取ったりしたこと」だとか、「理解したこと。学んだこと」、「経験して身につけたこと」といった内容が書かれています。

Aさんは経験から「カダナ」という国名を身につけ、たしかにそうだと認識しています。それなら、「知っている」のではないでしょうか？

私たちは、学生時代に多くのことを学び

ました。その中には、今となっては「間違った知識」もあるものです。

新たな歴史的発見があって修正されたとか、見解が変わったとか、法律が改正されたなど、常に教科書の内容は吟味され、より正しいものに変化しているはずです。

そして、その事実を伝えられたら、「自分が知っていると思っていた知識は間違っていたんだ。今、正しい事実を知った」と感じるのではないでしょうか？

間違っている知識は、正しい知識とは呼べません。つまり、「カダナ」は間違っている知識であり、誤って「知っている」ことになります。たしかに「知っている」としても、それが間違いであるとしたなら、正しく知ってはいないでしょう。

私たちは「これ、知っている？」と聞く時、当然ながら「正しく知っているか」を問うています。

間違っている知識は「知っている」とは言えない

「カダナ」という国名は正しくありません。ですからAさんは「カダナ」を知っているとは言えないと考えられます。

opinion 意見③

川端康成の受賞年を聞いて、「あ！　そうだそうだ」と思い出したなら、その時「再度知った」と言うほうが納得できます。だって、その場合は、思い出す前に「川端康成はいつノーベル賞を受賞したの？」と聞いたとしたら、「いつだっけ？　忘れちゃった」ということになるはずだからです。忘れている知識のことを「知っている」とは言えません。

今、忘れているなら、「知っている」うちには入らないだろうという意見です。

私たちはよく、誰かの話を聞いて「あ、それ知ってた！」とか、「知ってる知ってる！」と反応します。これは、言われた瞬間思い出したものについても使う言葉でしょう。

何も、いちいち「あ、知らなかったけれど今思い出したから知っていたことにしよう」だなんて思ってはいません。反射的に知っていたと感じて発する言葉です。聞いた瞬間に脳にある記憶の倉庫からその知識が引っ張り出されたというイメージでしょう。もしくは、本当は知らなかったけれど、「知っていた」ように思えただけかもしれません。

川端康成の例では、AとBのどちらがより受け入れやすいでしょうか？

A：忘れたものを、今思い出したのだから、もともと「知って」はいた。

B：すっかり忘れていたから「知らなかった」。そして、思い出して再度「知った」。

おそらくはAと感じる人が多いのではないでしょうか。昭和43年と聞いてピンと来たのですから、脳のどこかにはしまわれていたことになります。つまり、もともと「知って」はいたけれど、今は忘れていたということです。

なかなか思い出せずに「あ〜、知っているんだけどなぁ、なんだったっけなぁ」という人がいれば、「ああ、度忘れしたんだな。本当は知っているのに」と思えるでしょう。これなら、たしかに「知っている」という表現でよさそうに思えます。

しかし、「忘れている」のに、「知っている」というのは少し引っかかります。単に勘違いして「知っている」と感じているだけかもしれませんから、本当に「知っている」かはわかりません。

私たちの脳は勘違いが得意です。知っていた気になったり、経験していないことを経験したかのように感じて信じてしまったり、この人と会ったことがあるような気がしたり、「私、昔からジェットコースターが苦手なの」という文章を間違いに気づかず読んでしま

ったり。脳は私たちが思うよりとても曖昧です。

この、「あ、それ知ってた！」も、私たちの脳がそう感じた、という事実があるだけで、私たちの脳は勘違いしてそう感じただけかもしれません。ただ、記憶の断片はたしかに脳のどこかにあり、それに触れたからこそ「あ、それ知ってた！」と思ったわけで、少なくとも少しは知っていたのは事実でしょう。

年号を忘れた状態で、「川端康成はいつノーベル賞を受賞したの？」と聞かれて答えられなかったとしても、脳の記憶のどこかには、昭和43年の断片が眠っており、「川端康成は昭和43年にノーベル賞を受賞しました」と聞けば、「あ、それ知ってた！」と感じるのです。

その証拠に、もし「昭和19年　昭和32年　昭和43年」の3択なら、きっと正解できたでしょう。

私たちの脳には、私たちが意識できる部分と、無意識の部分があります。今、「息を吸おう」と意識しなくてもずっと呼吸をしていられるのも無意識のおかげです。

「あ、それ知ってた！」も、無意識が知っていて、意識がそれに気がついた状態と考えることができます。「あ！　私の無意識にその知識はしまわれていた！　だから、私は知っ

ていた！」とでも表現することになるでしょう。

さらに考えてみると、「川端康成はいつノーベル賞を受賞したの？」と聞かれた時、その人は初めて「あ、忘れている！」と気がつくかもしれません。そうなった時、「自分は忘れていることを今知った」ことになるのでしょう。

部屋の中でカギをなくしたとして、「カギはこの部屋にある？」と聞かれて初めて「あ、カギの場所を忘れている！　失くしたんだ」と知るように、忘れていることを知った経験は誰にでもあるでしょう。

opinion 意見④

Bさんや C さんは、知っているとは言えません。たとえば、2人はその後、海と冷蔵庫をそれぞれ初めて目にした時、「これが海か！　広いなあ！」、「冷蔵庫の中はこのくらいの冷たさなんだ」と思うでしょう。もしも、すでに「知っていた」ならそんなことは思わないはずです。

知っているはずのものを見て、「これが海か！」と感じるのはおかしいという意見です。たしかに、すでに「知って」いるのですから、今さら「これが海か！」と言うのには

マサトは三角形の面積の公式をいつ「知った」のか？

先生「まず、先に公式を見せよう。これが三角形の面積の公式だ」

三角形の面積＝底辺 × 高さ ÷ 2

公式を見た瞬間知った？

先生「底辺の長さと高さを掛けたら四角形の面積が求められるだろう？ それをこんなふうに2つに分けてみよう。ほら、三角形だ」

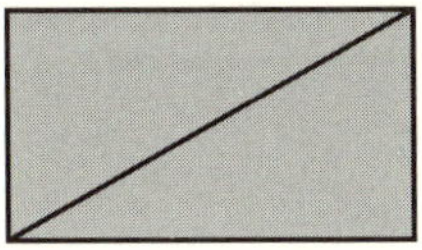

マサト「わ！ 本当だ。半分にしたら三角形だ。こうやって求めるんだ〜」

この瞬間知った？

違和感が残りますね。

　では、Bさんはいつ「海を知った」ことになるのでしょうか？　Cさんは冷蔵庫を見るまでは冷蔵庫を「知らなかった」ことになるのでしょうか？

　三角形の面積の公式を例に考えてみます。

　小学生のマサト君が、学校で三角形の面積の公式を習ったとします。この場合、マサト君はいつ、三角形の面積の公式を「知った」ことになるのでしょうか。

　おそらく、ほとんどの人は、

マサト君が公式を理解した瞬間に「知った」と感じるのではないでしょうか。黒板に書かれた公式を見た瞬間、たしかにその公式をノートに書き写し、「三角形の面積＝底辺×高さ÷2」であると記憶したかもしれません。

しかし、それだけでは「知った」とは言えないようです。それを理解して初めてマサト君は三角形の面積の公式を「知っている」ことになるでしょう。

先ほどのBさんやCさんは、意見④にあるように、「海」や「冷蔵庫」を初めて目にした時に、「これが海か！　広いなあ！」、「冷蔵庫の中はこのくらいの冷たさなんだ」と思うでしょう。そして、海や冷蔵庫について理解します。つまり、マサト君と同様、理解した時に「知った」と考えられます。

もう1つ例を考えてみます。ある男性に『「グレガルッサリー」』とは、イチゴのことなんだ」と言われたとしましょう。当然それを理解できはしませんし、「私はイチゴのことを『グレガルッサリー』と言う場所があることを知っている」なんて思わないでしょう。

しかし、先ほどの男性が、「それは、小説『ババペンネドラ』に出てくるもので、その作品の登場人物が言っているんだけどね」と言ったとしたら、初めて腑に落ちるでしょう。「ああ、お話の世界のことなんだ。それならイチゴがどんな名前で呼ばれていようと

不思議はないね」と感じるはずです。

この時点で、イチゴを「グレガルッサリー」と呼ぶ小説があることを、聞いた話であることを前提として「知る」でしょう。そして、実際に小説『ババペンネドラ』を読んだとしたら、そこに「グレガルッサリー」という文字を見つけ、たしかにイチゴのことらしいことが書いてあったとしたら、すべてを理解し、「知る」ことになるでしょう。

「知る」ためには「理解する」必要がありそうです。念のため、『ババペンネドラ』は架空の小説です。

あるもののことを「理解した」時に「知っている」ことになる？

「知っている」ための条件

「知っている」ためには、いくつかの条件があると考えられます。

・「カダナ」のように、間違った知識でないこと。

・脳の中には記憶として眠っていること。
・ある程度以上理解していること。説明できること。
・客観的に見て正しいだろうと判断できること。
・予想とは区別できること。
・自分で「知っている」と確信できること。
・卑弥呼のように事実でない可能性があるのなら、それを含めて理解していること。

私たちの脳はあやふやなものですから、自分で知っていると思っていても、意外と知らないものです。ちゃんと説明できて、周辺知識を多少なりとも知っているくらいになってから、自信を持って「知っている」と言うほうが安全ですね。

第3章

「死と命」の難問

地頭を鍛える思考実験

自分が死ぬか？ 相手が死ぬか？

「カルネアデスの舟板」の問題

ある時、船が難破し、船員アルバートは海に投げ出されました。だいぶん流され、死を覚悟しましたが、そこに1枚の板が浮いていることに気がつきました。アルバートはその板に向かって必死に泳ぎ、ついにしがみつくことに成功します。その板は、彼1人を支えるくらいならできる大きさでした。

アルバートは「まずはこの板にしがみついたまま、流されてみよう。船が通るかもしれない。船の難破が知られて救助が来るかもしれない。あとは見つけてもらうことを祈るだけだ」と考えました。

しかし、その直後、誰かが自分のところに泳いでくるのが見えました。同じ船に乗っていた船員のランディです。

これは、アルバートにとってはうれしくない状況です。この板に2人を支える力はないのですから。

アルバートは板にしがみつこうとするランディを振り払い、突き飛ばして水死させ、板を守り切りました。

その後、アルバートは無事救助されますが、殺人の罪で裁判にかけられます。しかし、状況が状況なだけに、罪に問われることはありませんでした。

あなたは、アルバートの行為を道徳的にどう考えますか？

ランディを突き飛ばして自分だけが助かるのは道徳的に間違っていると考えるのか、それともこれはやむを得ないから、道徳的に考えて罪に問われないのは納得できるのか、想像を膨らませて考えを深めてみてください。

この話は、紀元前の古代ギリシアの哲学者、カルネアデスによって提唱された思考実験を元にしています。

その後、様々な人によって別パターンも生まれ、ランディが先に板にしがみついていたアルバートを突き飛ばして水死させたというパターンや、先、後がなく、2人が同時に舟板にたどり着いたケースを考えるパターンもあるようです。

この話は、「緊急避難」のたとえとしても有名です。緊急避難とは、刑法37条1項に定められた行為です。

「生命や自由など、現在の危機を避けるためにやむを得ず行った行為であれば罪に問われない。ただし、やむを得ず行った行為が、現在の危機を超える害を生み出してはいけない」というものです。

カルネアデスの舟板では、アルバートは自分の命を守るために、ランディを死なせました。

命と命ですから、そこに重みの差はなく、現在の危機を超える害は生み出していません。よって、緊急避難とされ、アルバートを罪に問うことはできないということになります。

法律的にはそうであっても、法律を抜きにして考えたらどうでしょうか？

これから、いくつかの意見を見ていきたいと思います。それぞれを論理的に考え、同意、または反論したり、自由に思いを巡らせたりして、自分自身の意見を考えてみてください。

カルネアデスの舟板をどう考えますか？

opinion

意見①　これは殺人です。どんな理由があっても、人を水死させてはいけないのではないでしょうか。2人が交代で板を使うことも考えるべきです。

カルネアデスの舟板の場合、2人は命の危機にさらされ、頼みの綱である板には2人を支える力はありません。

そうなれば、おのずとどちらかは死んでしまうことになります。それでも、誰かを故意に死に追いやることは許されない、という考えです。

意見①にあるように、2人が交代で板を使うという考えもあるかもしれません。しかし、その方法をとると、体力を一気に消耗しますから、2人ともが死んでしまう可能性が

かなり高まるでしょう。

お互いに、相手のほうが長く板につかまっているように見えてしまうものです。そうなると、結局はどちらかが海に追いやられる可能性が十分にありますし、そうなった場合、残った1人も体力の消耗から、命を失う危険性が高まると考える必要があります。

こう考えるとあまり有効な手段ではなさそうです。

他に方法はないとしても、やはり誰かを死に追いやるのは道徳的に見て考えられないとも思えるでしょう。

緊急避難の考えも、「自分の命が危険なら相手を殺してもいいよ」ではなく、「自分の命が危険なら相手を殺したとしても、罪には問えない。もちろん許されるわけではないが、他に方法がなかったのだから仕方がなかったのだ」でしょう。

仕方がなかったとわかっていても、「許される」とは言えない、というのが多くの人の心情なのではないでしょうか。

自分の命が危険にさらされているなら、「許される」わけではないが仕方がない？

opinion 意見②

先に板にしがみついたのはアルバートですから、この場合は許されると思います。

ランディは後から来たのだから、アルバートの板を奪ってはいけないが、アルバートは先にいたのだから、板を守ってもいいじゃないか、という考え方です。

もし、カルネアデスの舟板の物語が、「後から来たランディが板を奪ってアルバートを水死させた」という結末だったとしたら、許されないということですね。

では、命は早い者勝ちなのでしょうか？

もし、これが救命ボートだったとしたら、これ以上乗れない状態の時に近づいてきた人はオールや手足で海に追いやられてしまうでしょう。後から来た人のほうが体勢的に不利だからです。

物理的に早い者勝ちです。これが正しい、というわけではなく、そういう結果になるだけです。

カルネアデスの舟板のような板の場合、どちらが圧倒的に不利という状況ではありません。

「命は早い者勝ちです」という主張をしても、後から来た人は納得しないでしょう。救命ボートの例や危険からの脱出など、結果としてそうなる状況が多いとしても、倫理的に考えて、命の問題が「早い者勝ちだから」と結論づけられれば引っかかるものを感じるはずです。

では、この引っかかりはどこから来ているのでしょう？

もし、アルバートがクロールの達人で、2人とも板からちょうど100m離れた時点で同時に板の存在に気がついたとしましょう。

当然、アルバートが先に板に到着します。クロールの達人だからです。これにより、結果としてアルバートが助かった場合、心情としてどう思うでしょうか？

おそらく、「仕方のなかったことだろう」でしょう。

でも、ここで、何の疑問も持たずに「アルバートのほうが、クロールがうまくて到着が早かったのだから当然だ」と思う人はほとんどいないのではないでしょうか。これでは命が「クロールのうまさ」で決められてしまいます。

「命は早い者勝ち」という主張は、結果としてそうなることが多かったとしても、受け入れられる主張ではなさそうです。

結果的にそうなったとしても、「命は早い者勝ち」という考え方が正しいわけではない

意見③ opinion

もし、板を狙う2人が、大男と、10歳の女の子だったと考えたらどうでしょうか？ 10歳の女の子がしがみつく板を大男が奪ったとしたら、最初から勝負は決まっています。命は力で決まるものではないはずです。ですから、カルネアデスの舟板のアルバートの行為は許せません。

カルネアデスの舟板では、2人の男としか描写がありませんから、体格や人物の背景については窺い知ることができません。

しかし、この意見のように明確に体つきが違うのであれば、10回くり返しても同じ結果になるでしょう。

アルバートが10歳の少年で、ランディが30歳の船乗りだったとして、ランディがアルバートの板を奪ったという物語だったとしたら、先ほどまでと同じように考えられるでしょ

うか。

こう考えると、命は力で決まるのでしょうか？　このような悲惨な状況ではやむを得ないというのも1つの考えでしょう。

意見③にある女の子と大男だった場合を考えてみます。もし、実際にこんなことが起ったとしたら、大男が犠牲になれば美談として、女の子が犠牲になれば大男が悪者として知れ渡ることになりそうです。

別段、女の子に何の権利があるわけでもなく、大男が犠牲にならなければならないということも当然ありません。命の価値は等しいのですから、どちらが助かったら正解、というものはありません。

それでもこの場合、世間は心のどこかで「美談」を望んでしまうでしょう。それはなぜなのでしょうか？

おそらくは、「この板でどちらが助かるか？」を決める権利が、必然的に大男に委ねられるため、大男が犠牲になればそれは「女の子のために命を譲った」ことを表し、女の子が犠牲になれば「自分の命を守るために女の子の命を犠牲にした」と考えられてしまうからでしょう。

どちらが犠牲になるかは大男の意思によって決まるのです。

どちらの命を助けるか？　を決める権利は誰にある

＊＊＊

このように、カルネアデスの舟板は、単純な場面設定だからこそ、様々な状況について考えを深めることができます。

しかし、どのパターンを考えてみても、共通するのは命に重みの差はないということでしょう。「緊急避難」の例としてよく利用されるのも頷けます。

19世紀のイギリスで、この「カルネアデスの舟板」が引き合いに出される難破事故が起こります。

「誰か1人」を犠牲にするとしたら、誰を選ぶ？

「ミニョネット号事件」の問題

1884年7月29日、難破したイギリスの船、ミニョネット号に乗っていた船員3人が、通りがかったドイツの貨物船モンステマ号に救助されました。24日もの漂流を経て救助された遭難事故は、奇跡の生還としてではなく、別の形で問題を巻き起こします。

5月19日、イギリスからオーストラリアに向けて出発したミニョネット号が難破したのは7月5日。この時乗組員は全員が救命ボートに乗って、難破したミニョネット号から脱出します。救命ボートにはわずかにカブの缶詰が2つだけ備わっていました。

この時ミニョネット号から脱出した乗組員は船長のトム・ダドリー、航海士のエドウィン・スティーブンス、船員のエドモンド・ブルックス、そして、給仕（雑用係・見習い）の少年、リチャード・パーカーの4人です。

食料はすぐに底をつき、雨水を頼りにのどを潤していた4人は、7月9日（漂流から5

日目）、ウミガメを捕獲します。

しかしウミガメもすっかり食べつくしてしまい、7月22日（漂流から18日目）には、再び食べるものがなくなってしまいました。

翌日、船長のダドリーはある提案をします。

「この中の誰かを犠牲にしよう。くじ引きで当たった人を犠牲にして、残りの3人を生き延びさせるんだ。もうそれしか生き延びるすべはない」

しかし、この提案はスティーブンスの反対により却下されます。

7月24日（漂流から20日目）、最年少のパーカー少年が、のどの渇きに耐えられず、海水を飲んでしまいます。しばらくしてパーカーは虚脱状態（激しく気力を失った状態）におちいり、もはや死ぬのも時間の問題となってしまいます。これを見た船長のダドリーは、パーカーを殺してその血肉で生き延びようと2人に提案します。

「そんな、人の道を踏み外すようなことはできません！」

猛反対をするブルックスを説得するように、ダドリーは言います。

「私は船長として、ここで皆が死ぬような道は選べない。それに、私たちには扶養する家族がいるんだ。彼らのためにも私たちは生き延びなければいけない。パーカーが死ぬのを待っていたら、血は凝固して飲めなくなる」

しかし、ブルックスは頑なに反対しました。一方のスティーブンスは、気は進まなかったものの、最後にはダドリーに同意しました。

そして、ダドリーは祈りをささげた後、パーカーを殺害し、食料としたのです。頑なに反対していたブルックスも、血肉を口にしました。

そして、その5日後、彼らは救助されます。

しかし、取り調べでパーカーを犠牲にしたことがわかると、ダドリーとスティーブンスは裁判にかけられ、一度は死刑を言い渡されます。

しかし、のちにヴィクトリア女王によって特赦され、禁錮6カ月に減刑されました。世論は無罪との意見が多かったためと言われています。

この事件で、パーカーの犠牲はやむを得ないもので、避けられないものであったとして、ダドリーとスティーブンスの弁護にあたっていた弁護士によって引き合いに出されたのが「カルネアデスの舟板」です。

弁護士は、次のような内容で彼らの行動の正当性を訴えました。

「彼らはパーカーを犠牲にしなければ全員が助からない状況にありました。この絶望的な状況で、やむを得ず起こした事件であり、他に選択肢はなかったものと考えられます」

さて、ミニョネット号事件のパーカーの犠牲はやむを得ないもので、船長たちには、パーカーの命に対する責任を負う必要はないと考えていいのでしょうか？　それとも、いかなる状況でもパーカーを殺害することは許されないのでしょうか？

この問題に正解はありません。あなた自身がどういう意見を持つのか、考えてみてください。大切なのは、自分自身の考えを導き出すことです。

opinion

意見①

どんな状況であっても殺人は許されません。人の命を人が奪うことはあってはならないのです。

この実際の事件は、ハーバード大学のマイケル・サンデル教授が行った「白熱教室」という授業でも議題に上りました。

「白熱教室」は当初、非公開で行われていましたが、あまりの反響の大きさから公開され、日本でも放送されました。覚えている方もいるかもしれません。

「白熱教室」では、この殺人を「許されない」と考えた人が多数でした。実際のミニョネ

ット号事件では、世論はダドリーやスティーブンスに同情し、「許す」という方向に傾いたため、女王が特赦で減刑をしましたから、多数派が「許さない」と答えたのは、時代背景の差でしょうか。

またはその時のメディアによる報道が、彼らに同情を誘う方向に向かわせたのかもしれません。実際に、パーカーに身寄りがないことも世論に影響したとされています。

しかし、現代の世論では「殺された人に身寄りがないことを理由にダドリーたちを減刑」となれば炎上間違いなしです。このように、時代背景の影響は少なくないのでしょう。

その時代によって「許される殺人」と「許されない殺人」がある

opinion **意見②**

くじ引きをしていたら、許されると思います。なぜなら、くじ引きは公平だからです。

ダドリーは、最初に「くじ引き」を提案しています。

では、19日目にダドリーが提案した「くじ引き」によって、パーカーが犠牲になること

になったとしたらどうでしょうか。

白熱教室でも同様の質問があり、「全員がくじ引きに同意したうえでのことなら許される」と答える人が一気に増えました。いったいなぜでしょうか？

「くじ引き」というのは、きわめて公平な選び方であると認められています。学校や仲間内での損な役回りも、くじ引きで当たったとなれば仕方がないと考えられるでしょう。くじ引きの持つ公平性が、パーカーが犠牲になったことを受け入れる材料になったのです。

ただ、ミニョネット号事件のような閉鎖的な、特殊な環境で行われたとしたら、そしてそれがもっとも身分が低く身寄りのないパーカーに当たったとしたら、裁判の議論の中心が、「くじ引きは公平に行われたか？」となったことは想像に難くありません。

公平に選んだのであれば、危機的状況ならば、1人が犠牲になっても仕方がない？

＊＊＊

さて、ここで弁護士の話に戻りたいと思います。

弁護士はカルネアデスの舟板同様、「パーカーを犠牲にしなければ全員が助からない状況」であったことを強調し、やむを得ない状況であったことを訴えました。

ここに疑いは持てないでしょうか。事実として彼ら4人は全員で生き延びようと20日の間頑張ってきました。そのうえで、ついに誰かを犠牲にしないと生き延びられないと考えたのです。

ここで、1つ忘れてはいけない大切な視点があります。それは、もしかしたらパーカーを殺した10分後には助けが来た可能性がある、という点です。

ミニョネット号事件では、パーカーを犠牲にした5日後の救出で、3人が助かりましたが、もしこれが10分後だったとしたら、世論も変わっていたのではないでしょうか。

なぜなら、10分の間に残りの3人の生死が変わったとは到底考えられず、パーカーは間違いなく無駄死にであり、ダドリーたちは単なる殺人を犯しただけにすぎない、とも考えられるからです。

パーカーを殺したとたんに船の汽笛が聞こえたとしたら、彼らはパーカーの血肉を口にすることなく救助されたかもしれません。

つまり、「パーカーを犠牲にしなければ助からない状況」であったのは、パーカー殺害から5日後に救助されたという結果を見てから話しているからであって、犠牲にした時点では助からないかどうかは不透明だったということです。

当然、違う結果だって起こり得たということです。この、ミニョネット号事件のケースでは結果的に5日後の救出であったことから、「こうしないと生き延びられなかった」という意味を持たせることができたのです。

たとえるなら、こんな日常でしょう。

ある日、仕事の帰り道に立ち寄ったケーキ屋で、「ここでケーキを買わないと、誕生日なのに食べるケーキがない」と、あまり好みではない売れ残ったケーキをいくつか購入し帰宅しました。すると家にはあなた好みのケーキがずらり。

「本当に、あのケーキ屋でケーキを買わないと今日はケーキが食べられなかったのですか？」

と聞かれたとしたら、「あの時はそう思ったの。言ってくれれば買わなかったのに」と答えるしかありません。

ケーキならそれで済まされますが、命であれば取り返しはつかないのです。「言ってくれれば殺さなかったのに」と言われても、パーカーの命は戻ってきません。

そう考えると、ミニョネット号の事件が「許されるか」を考えるうえで、タイミングという視点が大きく世論を動かす要素になり、結果として女王の判断を揺るがす材料になったと感じられます。

「パーカー殺害の10分後に助けが来たことを知った」であったとしたら、世論の力は女王による減刑を起こすことなどなかったでしょう。

もし、あなたが、この事件の陪審員だったとしたら、ダドリーとスティーブンスに対し、どんな判断をするでしょうか。

Thought experiments

「生きる権利」の問題

命に関する難しい選択

ジョンの妻であるメアリーは、待望の子どもを身ごもりました。その後、病院で衝撃の宣告を受けます。

「お子様の遺伝子を調べた結果、3歳になるまでには重度の病が発症することがわかりました。その確率は96％です。残りの4％の場合でも5歳までには病が発症します。その病は原因不明で治療法もありません。原因がわからないので研究も始められず、そのうえきわめて稀《まれ》なため、原因の究明も難しいのです。

ご両親にとっても辛い闘病生活になります。お子様が成人する確率はほぼないでしょう。このまま出産しますか、それとも諦めますか？」

ジョンとメアリーはとてもショックを受け、夜も眠れないほど苦しみました。しかし、2人は子どもを産む決意をします。

「おかしな数字を並べて、あの医者は勝手だわ。私たちに、子どもの命を奪う権利はない

でしょう？　私はどんな運命でも受け入れる覚悟ができているの。私たちなら大丈夫だわ」

「ああ。そのとおりだ。メアリー。僕たちの元に来てくれた、せっかく授かった命だ。それを奪うのは絶対にしてはいけないことだ。僕たちに子どもの生死を選ぶ権利などない。だから一緒にこの子は僕たちを選んでくれた。この子を愛していこう。それが僕たちの答えだ」

　ジョンとメアリーが産むという答えを出したのはどんな心からなのでしょうか。この答えは正しいのでしょうか？

ジョンとメアリーは断固たる決意で子どもを産み、愛し、育てることを選択しました。とても温かい物語のように感じられます。もし、疑問があるとしたらどんな疑問が浮かびますか？　また、ジョンとメアリーに賛成ならそれはなぜですか？

opinion **意見①**

ジョンとメアリーは、自分目線で語って、自分たちの美しい解答に満足しているだけです。子ども目線で考えていないと思います。子どもがどんなにつらい思いをするかわかっていないのです。もしかしたら、子どもより先に自分たちがいなくなる可能性のことも考えているとは思えません。

ジョンとメアリーの決意は一見美しい物語のように感じられますが、生まれてくる子どもは本当に幸せなのでしょうか？

ジョンは「僕たちに子どもの生死を選ぶ権利などない」と言いましたが、子どもにとっても、「子どもには生まれるかどうかを決める権利はない」という見方もあるのです。仮に子どもの名前をマークとして考えていきます。

現在は、生まれる前に、遺伝子診断によってある程度は子どもの状態がわかるようになってきました。そのうえで産むか産まないかを選択する余地があるのです。

命を選別する行為は倫理的に問題があるように思えますが、重い病気の遺伝子を持つ子の親は、時に負担の大きさに嘆き、その結果、子ども自身も苦しむことになるかもしれないのです。

「自分なんて生まれてこなければよかったんだ。いつも自分のせいでパパとママがおかしくなる」

もし、マークにそう思わせてしまったとしたら、ジョンとメアリーはどう思うのでしょうか？

そして、マークに兄弟がいて、ジョンとメアリーが事故や病気でマークより先に天国に旅立ってしまった場合、兄弟はマークによって自由を制限されることになります。

世間はそれを当たり前であり、もし、兄弟がマークを見放したとしたらなんて酷い兄弟なんだと感じてしまうでしょう。

果たして、ジョンとメアリーは自分たち以外の人に及ぶ負担について考えていたのでしょうか。この点には疑問が残るというのが意見①の考えです。

こう考えると、ジョンとメアリーは、目先のことだけを考えて、答えを出したようにも見えなくはありません。

マークが両親にも兄弟にも愛され、両親や兄弟は多くを学び、マークは幸福を感じて天国に旅立つとしても、遺伝子による病で倒れることがわかっていた、苦痛の多い人生であったことに変わりはありません。

実際に病に倒れる子どもの実話を元にしたドラマも放送されていますが、たいていは愛情とともに多くの苦しみが描かれます。しかも、マークのように最初からわかっていた人生ではありません。

この答えのない難しい問題を、次の意見でさらに掘り下げていきましょう。

子どもが不幸になる可能性がきわめて高い時は、命を選別しても許されるか

opinion 意見②

重病であっても同じ1つの命であることに変わりはありません。命を奪う権利は誰にもありません。ジョンとメアリーは殺人をやめたのですから、正しいはずです。

もし、この意見に賛成なら、人工妊娠中絶には反対という意見を持っているはずです。

現在、ほとんどの国は人工妊娠中絶を認めていますが、それでも人工妊娠中絶を原則として違法とする国もあります。

人工妊娠中絶をした場合、女性も、医師も刑務所に入れられる可能性がある国も存在するのです。それだけ、人工妊娠中絶の是非は難しい問題と言えます。

では、意見②の「命を奪う権利は誰にもない」という考えをさらに見ていきましょう。

人工妊娠中絶の是非を考える有名な思考実験が存在します。アメリカの哲学者、ジュディス・ジャーヴィス・トムソンが考案した思考実験です。

この思考実験は拙著『論理的思考力を鍛える33の思考実験』（彩図社）と『論理的思考力がぐ～んと伸びる こども「思考実験」』（コスモ21）に収録していますので、ここではなるべく簡単に解説します。

●バイオリニストの比喩

あなたは突然、何者かにさらわれ、気を失います。

気がつくと、知らない人（バイオリニスト）が寝ているベッドの横にあるベッドに寝かされており、体はチューブを通じてバイオリニストと繋がっていました。

どうやら、彼は腎臓を患っており、長らく意識不明であり、あなたの体を使ってバイオリニストの延命が行われているようです。

「9カ月後に特効薬ができるので、それまで辛抱してください。あなたがいないとバイオリニストは命を失ってしまうのです」と言われました。

あなたは協力すべきでしょうか？

トムソンの答えは「協力する必要はない」でした。

1人の人を助けられるからといって、他の人の生活を犠牲にする義務はどこにもなく、バイオリニスト側から見ても、あなたの体を拘束する権利はないのです。

この思考は、「人を助けることよりも、人を傷つけることのほうを重く見るべきである」という考えが基盤にあります。

「転んだ人を助けてあげる」ことを、絶対にしなければならないか？　と聞かれれば「してあげれば親切ね」程度の答えになるでしょう。

一方で、「人を転ばせる」ことをしてはいけないのは、考えずともわかります。

「助けてあげる」よりも、「危害を加える」ほうを重く見なければならないことは明白です。

だからこそ、バイオリニストのために自分を犠牲にする必要はないと、トムソンは語ったのです。

トムソンによると、このバイオリニストが胎児を表しています。

胎児は妊婦がいなければ生きていけません。しかし、そのために、自らの身を犠牲にする必要はない、女性には自分で決める権利があるというのがトムソンの考えです。

人工妊娠中絶の是非を考える時、胎児はどの時点から人と言えるのか？　人と言えるなら人工妊娠中絶は殺人か？　胎児に意識はあるのか？　という「胎児の存在をどう考えるか」が争点になる場合が多いでしょう。

トムソンの場合、「人」であり、「本来は意識のある存在」であるバイオリニストを考えることで、それらの争点から視点を移動させ、そこから意見を展開させました。

トムソンの主張に賛否はあるでしょうが、それほど人工妊娠中絶を考える議論があちこちで巻き起こっていることは理解できるでしょう。

そして、トムソンの言うように、妊婦には人工妊娠中絶を行う権利があるとしても、人工妊娠中絶を行えば、少なからず罪悪感に見舞われたりすることになるでしょう。

もし、一時的な感情や、一時の経済的な理由で人工妊娠中絶したのであれば、その後大きな後悔が一生続くかもしれません。

つまり、「完全に正しいこと」と考えて行っていないことはたしかです。法では決められない心の葛藤が当事者を悩ませるのです。

「命を奪う権利はない」と「自分を犠牲にする必要はない」は、どちらが重要？

あなたはこの意見②についてはどのような意見を持ちましたか？

視点を変えることで、思考も変化する

意見①では「自分目線」から「子ども目線」や「兄弟目線」に視点を移すことで、違った状況が浮かび上がりました。

意見②では、バイオリニストの比喩を使って、争点を変えて考えることを試みました。ジョンとメアリーの物語から、いかに視線をスライドさせ、違う角度を見つけられるかが、今回の思考実験のカギとも言えるでしょう。

意見①で考えると、ジョンとメアリーは悲劇の主人公なのか、もしかしたら加害者にもなり得るのかを考えることになりました。命の大切さは誰しも知っていることです。

しかし、病気はもっと現実的に考えなければいけない時もあるのです。愛だけでは乗り切れない辛い現実だってたくさんあるのですから。

意見②では、重度の病が発症するとわかった子の出産を諦めるのは殺人かという問題を考えました。これは、人工妊娠中絶は正しいかという問題に発展します。

トムソンは、「胎児は人か？」という問題から、「人工妊娠中絶自体の是非」を考える問題に焦点を移動させることを、思考実験という別の形を提案することで実現しようとしました。

難しい問題を考える時、思考はしばしば立ち止まります。そんな時は、何が問題になっているのか、その問題をややこしくしているのは何なのかを見極め、考えやすい形に置き換えたり、的を絞ったりすることで、思考を進めていくことが可能になります。

第4章
「不合理」な人間の思考
地頭を鍛える思考実験

Thought experiments

「不合理な選択」の問題

6000円損をしたら、次の6000円は何に使う？

5月の休日、藤崎ミワは、大好きなキャラクターのイベントショーを観るために電車で会場に向かいました。

ミワは事前に6000円のチケットを購入しています。イベントショーは午後2時開演で、現在は午後1時。十分に間に合いそうです。

「雨が降らなくてよかったわ。あと1時間か。ちょっと軽めのランチでも食べようかしらね」

ミワはお店でイベントショーのパンフレットを見ながら開演前の時間を楽しみました。

「そろそろ行こう」

会場の入り口を通り、ミワはチケットを出そうとバッグの中を探りました。しかし、チケットが見つかりません。

「あれ？　おかしい、チケットがないわ。そんなはずはないんだけど。…もしかして、家に忘れてきちゃったのかしら…」

いくら探してもないことを理解したミワは、がっくりと肩を落としました。

「はぁ…マヌケだわね…」

ミワは受付を見ると、そこには当日券（6000円）の案内があります。

「当日券を売っているのね。…うーん、どうしようかしら。でも、なんだかこれを買うのはいい気分がしないわね…。だって、このショーのお金はもう消費しているのだし…」

ミワは楽しみにしていたイベントショーを観るのをやめて帰ることにしました。

「せっかくここまで来たのだし、どうせなら近くで買い物を楽しんで帰ろうかな」

ミワは、スマートフォンで近くの買い物ができるスポットを探し、そこでスイーツ

や話題のサンドウィッチなど、6000円ほどの買い物をしてから帰路につきました。

「たまただけど、ショーのお金くらい使っちゃったわね」

ミワの行動をどう考えますか？

opinion 意見①

イベントショーのための6000円はすでに支払っているから、当日券を買うと、イベントが1万2000円と2倍のショーになってしまうので、ミワの行動は理解できます。

観たかったショーは6000円の価格がついています。当日券を買うと、1万2000円でショーを観ることになる、という考え方です。

たしかにこれは事実であるように感じられます。最初に購入してあったチケットの6000円と、当日券を買ったならその6000円がイベントショーのために使われるのに、イベントショーを観られるのは1回だけですから、6000円のショーは2倍の価格である1万2000円のショーになってしまうのです。

「せっかくショーを観にここまで来たんだから、それでも6000円払って観ないと損を

どちらにせよ6000円の損だが……？

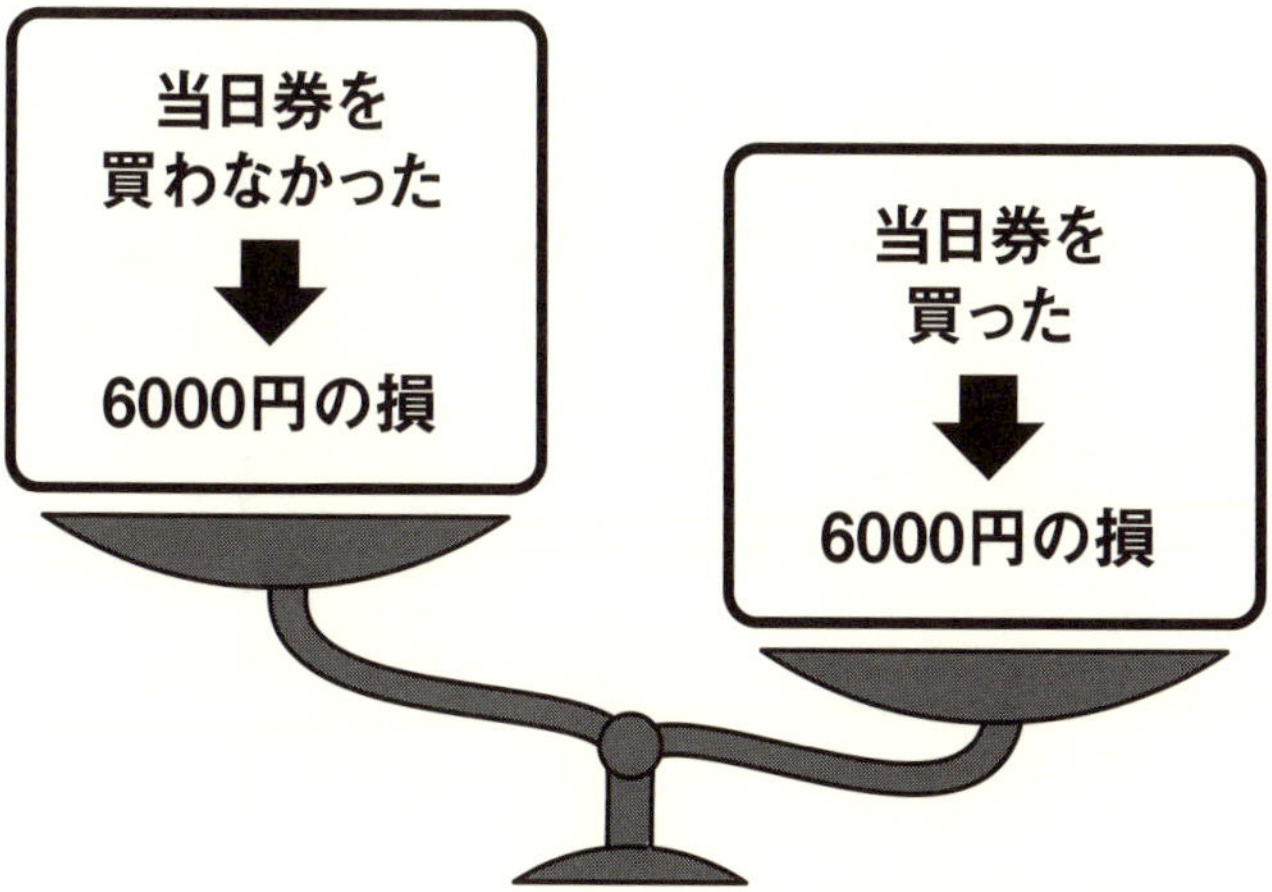

した気分になる」と思う人もいるかもしれませんが、「1万2000円の価値があるショーとは思えないからやめておこう」とショーを観ないという選択をする人のほうが多いことがわかっています。

当日券を買わなかった場合の「6000円の損」と、買った場合の「6000円の損」を比べると、「自分のミスのせいで」総額として2倍支払うことになる「買った場合」のほうがより損をしたと考えるのかもしれません。

6000円損をしたとしても、自分のミスのために2倍の1万2000円を支払うのは、いっそう、損した気分になる

opinion 意見②

ミワは当日に同じ6000円を払えば好きなショーを観られたのに、もったいないことをしたと思います。

この物語のミワは、その日、結局6000円を使っています。そのお金があれば好きなショーを観られたにもかかわらず、同じ金額をスイーツやサンドウィッチに消費したのです。

こうなると、意見②のように、「同じ6000円を払えば好きなショーを観られた」とも考えられるでしょう。

なぜミワは同じ6000円を、観たかったショーではなく買い物に費やしたのでしょうか？　スイーツやサンドウィッチを買ったところでショーを観に来たという目的は果たされません。

まるで、自分用の旅番組のようなビデオを作ろうとイギリスに行ったのに、普通に観光を楽しんで帰ってきてしまったかのようです。何をしたかったのかわからなくなってしまったのです。

これは、「ショーにはこれ以上払いたくない」けれども、「楽しい気分は味わいたい」と

いう気持ちがあったからでしょう。

そこで、スイーツやサンドウィッチをいつもより贅沢に6000円ほども購入し、十分に楽しんだようです。ショーを観に来たのではなく、大好きなスイーツやサンドウィッチを、しかも豪勢に買う目的でここに来たのだと考え、「チケットを忘れてしまった自分」を少しでもリセットしようと考えたようです。

ショーに使うよりも、スイーツやサンドウィッチに使ったほうが心理的に楽だったのでしょう。

同じ金額を支払うなら、楽しい気分が味わえる他のものにお金を使ったほうがよい？

opinion **意見③**

ミワは、チケットを忘れた時点で、ショーに対する悪感情が芽生えたのだと思います。ショーは何も悪いことはしていませんが、人の心理とはそういうものです。

意見②を受けて、中には、スイーツやサンドウィッチに使うはずの6000円があるの

なら、ショーを観て、スイーツやサンドウィッチを諦めればいいと考える人もいるでしょう。

しかし、ショーに6000円を払おうと考えた時、ミワはこう感じるでしょう。

「もうすでに6000円は払ったのに、チケットを家に置いてくるという私のミスのせいで無駄にしてしまった。さらに6000円を払うなんて損に損を重ねるようなものだわ」

さらに、「6000円を損したうえにスイーツも買えなかったわ」と思うでしょう。

たしかに、家を出た時はショーを楽しみにしていましたが、チケットを忘れた今、ショーを観るのだという高揚感もやや薄れているはずです。それどころか、ショーに対してなんとなく悪感情さえ抱いているのかもしれません。

「こんなショーを観ようとしたせいで、こんな嫌な気分になってしまったわ。まったく迷惑なショーね」

心ではショーに落ち度があるわけでもなく、観たかったショーにまったく変わりはないとわかっていても、嫌な気持ちにさせられた存在にはなんとなく悪感情を抱いてしまうのも理解できるでしょう。

人は、手の届かないものを過小評価する傾向があります。たとえば、高いところにありまず届かないリンゴがあったとしたら、「きっと甘くなくてまずいだろう」と考えます。「有名人もいいことばかりじゃない」とか、「お金持ちになるとお金のありがたみがわからない」などと考えるのにも、手が届かないからいいものと思いたくない、という心理が少なからず働いていると考えられます。

イソップ寓話の1つとして知られる「すっぱいブドウ」はこんな話です。

おいしそうなブドウを見つけたキツネは、頑張って何度も跳び上がり、それを取ろうとしますが、高いところにあって取れません。

そして、悔しくなったキツネは「どうせすっぱくてまずいに決まっているさ。食べられやしないよ」とブドウを睨みつけてその場を後にしたのです。

手の届かないものは「悪いものだ」と考えたほうが心理的に楽になるので、そう考えて遠ざけようとする心理が働くわけです。

ミワの場合も同様で、「どうせたいしたショーじゃないわ」と考えて、スイーツなど別の買い物に切り替えたほうが、「すっぱいブドウ」のキツネのように、心が軽くなり前に進めるのだとも考えられます。

☞ **人は、嫌な気分にさせられた対象を、悪く考えることで気持ちを切り替える** ？

opinion 意見④

「6000円」は同じ6000円です。賢い人ならそれをしっかりと理解しています。ミワはお金に「役割」を持たせすぎたのではないでしょうか？

アルバイトで6時間頑張って働いて得た6000円も、たまたま掃除をしていてタンスの中から見つかった6000円も、宝くじで当たった6000円も、不用品を売りに行ったら思わぬほど高く買い取ってくれた6000円も、すべて同じ6000円です。お金としての価値はまったく変わりません。

それでも、人は不思議なもので、苦労して得た6000円と、楽に得た6000円ではその重みを変えてしまいます。

たまたま見つかった6000円や、宝くじで当たった6000円のほうが衝動買いをしやすいでしょうし、アルバイトで頑張って得た6000円ならば欲しいものであってもいったん見送るかもしれません。

さらに、私たちはよくお金に「役割」を持たせます。物語のミワのように、ショーのための6000円はもう使ったから、これ以上のお金に「ショーのため」という役割は持たせられないと考えたり、「今月の食費は2万円だから、このポーチに2万円を分けて入れておこう」と、役割別にお金を分けてみたりします。

もし、外食で贅沢をしてしまったら、その月の食費は切りつめて節約したりします。ところが、趣味の「役割」を持たせたお金のほうはまるで節約しないかもしれません。

こんな不思議な心理から、人は、同じお金なのに使い方を分けようとするのです。問題は、同じ6000円をどう頭の中で処理するか、お金への意味づけをどうとらえるか、です。

物語のミワは、「失われた6000円」を心の中で処理しよう、と無意識であるかもしれませんが、思考を巡らせています。

悔しい思いを何とか転換しようとしていたのでしょう。次の6000円を価値あるものにできれば、家に忘れてしまった意味も探せるかもしれません。ミワの場合、それがスイーツやサンドウィッチだったのですね。

「失われた6000円」の「役割」にとらわれすぎずに、次の6000円を「価値あるもの」にするためには？

case

考えを広げるケース❷

もし、帰り道に、そんなに興味のない6000円のショーがたまたま見つかったとしたら、この物語のミワは入るのでしょうか？　観たかったショーに2倍のお金を払うのとは違うからです。もし、入るとしたら、さすがに観たかったショーを観るほうがいいように思えます。その時のミワの心理を考えてみてください。

ケース❷のように、ミワが違うショーを観たとしたら、ミワはこう考えるかもしれません。

「なかなかいいショーを観たわ。観たかったショーよりよかったんじゃないかしら？」

人は自分の行動を正当化するように思考を働かせます。特に、自分が選んだ行動については、よい解釈を加えるものなのです。

「6000円で観たかったショーを観ることもできたけれど、なんとなくそんな気分にな

らなかったのは、あのショーはちょっと私に合わなかったと思っていたからなのよ。このショーを観てそれがはっきりわかったわ。こっちを選んで正解よ」

こんな経験はありませんか？「同じ本を2冊買ってしまった。すぐに売っても損をするだけだし、この本は2回買ってしまうほど好きな本なんだ。1冊は保存用にしまっておこう」

この本の話でなくても、自分がしてしまった行動に対して、後から意味づけを加えることで、自己を正当化する行為を人は頻繁に行っています。物語のミワは、そんな人の性質によって気分を整理できたのですから、便利な心理とも言えますね。

case
考えを広げるケース❸

もし、ミワが、もともと当日券を買おうとしていて、事前にチケットは購入していなかったとします。そして、行きがけに6000円を落としてしまったようです。この時、物語のミワは財布から6000円を出して、チケットを購入しました。

「どうやって6000円だけを落とせるのかわからない」という当然のツッコミは呑み込

んでください。ここでは、6000円をなくしてしまった場合のミワの心境を考えていきます。

財布にいくら入っていたかはわかりませんが、そのうちの6000円は失われてしまい、それはミワもわかっています。

ただ、この6000円は単に6000円であり、何のために使われると決まっていたわけではありません。ですから、ミワは当日券を買った時に、「6000円落として損した後だから、このショーに1万2000円使ってしまった」とは思わないでしょう。

きっと「6000円を損したから、今日の出費は6000円増えてしまったわ」と感じるはずです。

実際に、6000円のチケットを落とした場合と、6000円の現金を落とした場合では、チケットの購入率は変わります。

購入した6000円のチケットが使えなくなった場合と、6000円が失われた場合で、行動が変わるのですから、ミワは論理的に考えると、整合性が取れない思考を展開し、感情に振り回されてしまったとも考えられそうです。

しかし、人の脳はそんなに簡単にはできていません。常に感情が行動を揺さぶります。

感情によるフィルターを通った時、そこにある6000円の意味はまったく違うものになるのです。

様々な意見、ケースから問題を見てきました。きっと人間ではなく、機械ならこんな不合理な選択はしないのでしょう。

私たちの思考はこんなにもいろいろな条件を加味して常に忙しく働いています。ですから、大量のエネルギーを使うのです。もし、判断が鈍っていると感じた時は、エネルギーを消費しすぎた証拠でしょう。

ぼーっとしたり、好きなことを考えたり、笑ったりして、気分転換をしてみてください。

Thought experiments

「イメージがいい」「イメージが悪い」ってどういうこと？

「eスポーツと男子の涙」の問題

ツカサの夢はｅスポーツで稼ぐことです。しかし、両親は反対のようでした。「ゲームはイメージがよくない。一生続けられる仕事でもない」と言うのです。

しかし、ツカサは「オリンピック選手だって、プロのテニス選手だって一生選手ではいられない。その後は指導者とか、それぞれの道を歩むじゃないか」と思い、ｅスポーツへの思いは募るばかりです。ツカサは思いました。

「イメージって何だろう？　ゲームはなんでイメージがよくないんだろう？　なんで、ゲームをする人をオタクと呼んで、ちょっと情けないようなイメージにするのに、サッカーやゴルフで稼ぐ人はスポーツマンと言って、カッコイイように扱うんだろう？　もし、ゲームがすごくカッコイイってみんなが思っていたら、両親も心から応援してくれるのに」

翌日、ツカサが学校に行くと、友人のマキトが女子に混ざって泣いていました。

「何があったんだ？」

どうやら、クラスで飼っていたウサギが死んだらしいのです。

「おい、マキト、泣くなんてみっともないぞ。女子みたいじゃないか！」

「だって、仕方ないじゃないか。なんで男だから泣いちゃいけないんだよ！」

ツカサは、はっとしました。

「これってeスポーツはイメージがよくないと言うのと同じじゃないか？　なんで女子は泣いてもカワイイとかいって許されるのに、男子が泣くと情けないんだ？　〝イメージ〟が悪いからなのか？　なんで、何かがよくて、何かが悪いって言うんだろう。別に悪いことをしているわけじゃないのに」

あなたなら、ツカサになんと説明してあげますか？

opinion 意見①

ゲームは勉強を阻害するもので、成績が悪くなるものの代名詞的存在です。それをeスポーツと言ったところで、やはりイメージはよくないと思います。やはりオタクのイメージが先行しますし、他のスポーツのように体によくもありません。

小学生から高校生の頃、「ゲームをやめて勉強をしなさい」と注意された記憶のある人も多いでしょう。ゲームは、熱中するあまり勉強をおろそかにしてしまう、やっかいな存在でした。

社会から見れば、熱中するなら、もっと知識になるものとか、体を健康にするスポーツとか、成長に役立つものをと考えてしまいそうです。

ゲームが好きな人のイメージとしては、実際にそうであるかどうかは別として、次のようなものがあるでしょう。

- 勉強をそっちのけにしてゲームばかりしてしまう。
- ゲームに熱中するあまり他のことに興味を示さない。

・運動が苦手、または嫌い。
・ゲームばかりして成績が伸びない。
・内向的で出不精。
・ゲームの世界に趣味が広がり、現実逃避をしている。
・ゲームがうまくなっても実生活に何の影響もない。役に立つスキルではない。
・他人が作った世界観に詳しくなっても仕方ない。
・ネット依存症になると大変なことになる。

一方で、テニスが趣味の場合はどうでしょうか？

・爽やかなイメージ。
・体を鍛えていて健康的。
・運動神経がよくてカッコイイ。
・活動的でフットワークが軽そう。
・文武両道の人も多く、意外と成績もいい人が多い。
・テニスをやめても鍛えた肉体や体力は社会でも役立つ。

・体育会系で得た礼儀はその後役に立つかもしれない。
・のめり込んでも青春の1ページとして輝く。

特にeスポーツがまだまだ市民権を得ていない日本では、ゲームはオタク、テニスはスポーツマンと、それぞれのイメージはかなり違うでしょう。

もちろん後者のほうがいいイメージです。これは仕方のない現実でしょう。ゲームにのめり込んで、なんとなく罪悪感があったり、自分がダメになる気がしたりという経験がある人も多いはずです。

それは、ゲームをオタクととらえがちという社会のベースがあるからです。

男性が泣くと「弱い」とか、「情けない」というイメージを持たれることがあります。「気持ち悪い」なんていう酷い評価もあるでしょう。しかし、女性であればそこまでは言われません。

代わりに「あざとい」とか、「涙を利用している」と感じられることがあります。これは男性の涙にはないことです。

やはり、意見①のように、成績に影響することもあり、体を鍛えることもできないゲームのイメージが悪いのは仕方のないことなのでしょうか？
男性の涙が情けないと言われるのも仕方のないことなのでしょうか？

悪いイメージがつくのは、理由や背景があるのだから、ある程度仕方ない？

opinion 意見②

イメージは社会が勝手に決めるものです。誰がどうしようとその人の自由で決められるべきで、他人がどう考えようと関係はありません。

物語のツカサは、「なんで、何かがよくて、何かが悪いって言うんだろう。別に悪いことをしているわけじゃないのに」と考えました。

たしかに、男性が涙を流したって、ゲームに熱中したって悪いことをしているわけではありません。

意見②のように、社会が悪いイメージを押し付けているだけとも考えられます。

それになぜ、男性の涙は情けなく、女性の涙はズルいイメージを持たれるのでしょう

か？　なぜ女性はズボンを穿くのに男性はスカートを穿かないのでしょうか？　性別が何を変えるのでしょうか。

平安貴族の男性であれば、美しい風景を見て涙するのは、美しさを理解している証拠でした。涙しないのは、これを理解できないとはなんと感受性の低い…と、悪いイメージを持たれたものです。

時代劇に出てくる男性は、よく袴《はかま》を穿いています。スカートのように中に仕切りのない行灯《あんどん》袴と、仕切りのある馬乗《うまのり》袴を、当時の人々は好みで選択していました。

明治時代までの男性は、スカートでもズボンでもどちらでもよかったのですね。

歴史や習慣が、その社会に暮らす人々の心に植え付けた「基準」が、このような評価を下していると言えるでしょう。

ｅスポーツや、男性の涙などに見られる低い評価は、社会が決めた「平均値」や「基準」が、現在の社会において、それらを良しとしていないからと考えられます。

もしかしたら、１００年後、男性は当たり前のように口紅を塗り、スカートを穿きこなしているかもしれません。

女性は当たり前のように、涙を「男じゃないんだから」と嫌うかもしれません。

そして、eスポーツこそが真のスポーツだと言い、テニスやマラソンなどの運動なんてしても偏った筋肉がつくだけだから、やめたほうがいいと言われる可能性だってゼロではないのです。

もし、筋肉は薬やマシンで楽に増強するのがスマートになるとしたら、スポーツによいイメージを与えている体力や筋肉の強化という付加価値はなくなってしまいます。

意見①のところで箇条書きにしたそれぞれのイメージは、まったく違うものになり、ゲームは知力を向上させ、ビジネスにも直結し、忍耐力や集中力を証明するようなよいイメージを持たれるようになるかもしれません。

とはいえ、100年後ではなく、現在、この瞬間の社会にうまくなじむには、男性であればあまり涙を見せないほうがよく、スカートは避けたほうが無難で、eスポーツを目指すのはイメージとしてはリスクがあるのです。

イメージは社会が勝手に決めるものであるが、それに抵抗するのはリスクが高い

●周りに「合わせる」ことと「合わせない」ことのバランス

人は「同調圧力」に従ってしまう心理を持っています。

「同調圧力」とは、みんなと同じようにするべきだと、無意識にも感じてしまう圧力で、それによって多数派が少数派を呑み込み、強制的に従わせます。

私たちはこれによって多くの場面で周囲に同調しているのです。いやいや従っている場合もあれば、知らず知らずのうちにという場合もあります。

たとえば、周りが残業しているから仕事は終わっているけれど、帰れる空気ではないから残業する、友人が結婚するからご祝儀を用意するが、値段は周りに合わせなければと感じる、これらも同調圧力による心の強制でしょう。

「なぜ男性は泣いてはいけないんだろう」、「なぜeスポーツはカッコよくないんだろう」というツカサの思いに回答するなら、無意識の同調圧力が社会に浸透しているからと説明できそうです。

周囲に従っているほうがなんとなくうまく社会の波に乗っていけますが、時に窮屈さを感じるものなのです。

しかし、いつの時代にも異端児と呼ばれる、いい意味で空気を読まない人々が存在し、彼らは周囲からあこがれと嫉妬の目を向けられながらも注目されます。

同調圧力への耐性が強いのか、同調すべきものに気がつかないだけなのかわかりませんが、異端児の存在に注目してしまうのは、同調圧力に満ちた社会をかき乱してほしいという期待の表れなのかもしれません。

周りに合わせすぎて疲れないように、少し離れたところから社会や自分を見て、心の視野を広げておきたいものですね。

Thought experiments

誰もが知っている童話も視点を変えてみると

「人魚姫」を様々な視点で見る問題

人魚の国の王には、６人の人魚姫がいました。妃《きさき》は早くに亡くなったため、祖母が人魚姫たちを育て、末の娘は特に美しく育ちました。

「人魚は３００まで生きられるけれど、死ぬと海の泡となって消える。人間は１００までしか生きられないけれど、魂は残るのよ。でも、人に本当に愛されたなら、その人の魂が注ぎ込まれて魂は生き続けることができるのよ」

人についてもいろいろと教えてくれ、娘たちは人に興味を持っていました。

人魚の姫たちは、15になるまでは海面に上がってはいけないというルールがありましたが、やがて、人魚姫の姉たちは15を迎え、次々に人の世界に顔を出します。

難破する船に出合えば、「海の中はとても美しいから沈むのを怖がらなくていいの」という歌を歌うのです。

そして、末の人魚姫もついに15になりました。心を躍らせて海面に出た人魚姫は、船を

見つけます。その中には、ひときわ目を引く美しい顔立ちの王子がいました。

人魚姫は一目で心を奪われてしまいました。すると、嵐がやってきて、船が難破します。次々と海に放り出される人々。王子も海に放り出されました。

人魚姫は必死に王子を海岸まで運び、目が覚めるまで、声をかけ続けました。その時、娘（隣国の姫）を含む何人かが王子に気づいて駆けつけてきました。

びっくりした人魚姫はとっさに海の中に身を隠しました。娘が王子に声をかけ、やがて王子が目を覚まします。

王子はこの娘が自分を助けてくれたのだと勘違いし、城に帰っていきました。

「助けたのは私なのに…」

人魚姫は悔しい思いで海の中に帰っていきました。

翌日以降、人魚姫は頻繁に海の上に顔を出します。王子の城のほうに泳いでは、王子を見つめる日々。そのうち、人間への関心が高まっていきます。

「私も人間になりたい」

その思いは日増しに強くなり、ついに人魚姫は魔女の元にお願いに行きました。

「お願いです、私を人間にしてください」

魔女は取引として、人魚姫の美しい声を欲しがりました。

さらに、2つに分かれた足は、歩くたびにナイフが刺さったように痛いこと、王子と結婚できなければ海の泡となって消えてしまうことを告げたのです。

それでも人魚姫の心は動きませんでした。人魚姫は条件を呑み、人間になることを決意したのです。魔女は人魚姫の舌を切り落として声を奪い、薬を渡しました。

人魚姫がお城まで行ってから薬を飲み、気を失って倒れていると、通りかかった王子が声をかけてきました。

「あの時助けたのは私です」と言いたくても声が出ません。王子は人魚姫を城に連れていってくれました。

やがて王子は人魚姫を愛するようになります。

しかし、それは妹への愛のようなもので、妃にしようとは思いませんでした。王子は自分を助けてくれた娘との結婚を望み、それが現実のものとなります。

「君も祝福してくれるね」

（助けたのは私なのに、お知りにならないんですものね…）

絶望の中にいる人魚姫の前に、姉たちが現れます。姉たちは、美しい髪を切り、魔女に捧げることで、不思議な力を持つ短剣を手に入れていたのです。

「これで王子の胸を刺して殺せば、あなたは人魚に戻れるわ。海の泡とならずに済むのよ」

人魚姫は短剣を持って眠っている王子の元に行きますが、愛する王子を刺すことはできませんでした。

人魚姫は海に身を投げ、泡となり、気がつくと空気の精になっていました。

よい行いを300年続ければ永遠の魂を手に入れられると、空気の精たちが言います。そして、人魚姫は、空気の精たちと空に昇っていきました。

切ない恋と、自らの命よりも相手の命を選ぶ純粋な選択が胸を打ち、それらが、最期は海の泡となって王子の前から消えてしまう人魚姫を、悲しく美しく彩る物語として、バッドエンドながらもここまで語り継がれてきました。

人魚姫が今なお人気があるのはなぜなのでしょうか。ここから、人魚姫の物語を論理的に考えてみると、どうなるでしょうか。

人魚姫はなぜ海の泡になるという条件を呑んだと考えますか？　また、人魚姫はバッドエンドではないという立場で、この物語を論じることはできるでしょうか？　様々な視点から人魚姫を眺めてみてください。

デンマークの作家、ハンス・クリスチャン・アンデルセン作「人魚姫」は、1836年に発表された童話で、彼の不朽の名作として人々に愛され続けています。ディズニー映画「リトル・マーメイド」の原作でもあります。

アンデルセンゆかりの地、デンマークのコペンハーゲンには、人魚姫の像が置かれ、観光名所になっています。

ただ、1m25cmという小ささと、人が常に大勢いるといった景観のこともあり、がっかり名所としての知名度も高いようです。

opinion 意見①

人魚姫はあまりに不利な条件を呑んでしまったと思います。王子が選ぶたった1人の女性になる可能性は限りなく低いでしょう。この結末は当たり前のように思えます。

「王子と結婚できなければ海の泡となって消える」という条件は、通常の思考で考えればとても恐ろしい取引です。

王子が世の中の女性からたった1人の、しかも話すことができない自分を選ばなければならないのですから。書く能力もないと考えられる人魚姫は、発言力をまったく失ってしまいますから、思っていることを誰かに伝えることもできません。

しかし、人魚姫はその条件を呑みます。結末は当たり前と考えるのは簡単ですが、なぜそんなことができたのでしょうか？

思考を広げるために、いくつか考えてみます。

A：人魚姫は、王子と結婚できるとは初めから思っておらず、ただ少しでも王子のそばにいたかった。

B：自分の容姿に絶対の自信を持っており、王子と結婚できると思っていた。

C：王子に助けたのは自分だと何とかして伝えようと思っていた。

D：王子との結婚以外の別な理由があった。

人魚姫の切ない物語性を考えると、Aは十分に考えられそうです。まだ15歳という年齢もあり、熱い思いが今後のことなどを考えさせなかったのでしょうか。

Bも、その他の物語に美しさを武器に王子と婚約するパターンが多いこともあり、6人の姫の中でダントツに美しい人魚姫ならばあり得るでしょう。

Cについては、物語の中では目で訴えるくらいしかしていないように見受けられるので、あまり期待はしていなかったように思えます。

たとえ奇跡的に、王子から「助けてくれたのは君なのかい？」という質問を引き出せたとして、人魚姫がコクリと頷いたところで、王子は「どうやって？」とか「本当かなあ？」と思うでしょうし、信じてもらえるとも思えません。

娘（隣国の姫）自身も本当に王子を発見して駆けつけたわけですから、彼女が「助けたのは自分ではない」と言うはずもありません。

Dについてはこの後考えていきたいと思います。

ここで、もう一度Aを考えてみます。「ただ少しでも王子のそばにいたかった」だけなのであれば、人魚姫がナイフを持って眠っている王子の部屋に入ることはないと考えられます。

王子を殺してしまっては一緒にはいられませんし、人魚姫はすでに少しの間、王子のそばにいられたのですから、それで願いは叶えられています。

ただ、最初は一緒にいられればと思ったけれど、いざとなると自分の命が惜しくなったと考えるならおかしな点ではありません。姉たちの思いを無駄にしたくないという思いもあったのかもしれません。

なぜその行動をとったのか？　通常の思考からさらに広げて考えてみると

opinion

意見②

犠牲を払っても、苦しんでも、報われないこともある、という教訓だと考えます。

これは結末はバッドエンドであることを、そのまま受け入れましょうという考えです。現実の世界はとてもシビアで、こちらが犠牲を払ったとしても応えてもらえるかどうかは

わかりません。どんなに努力しても、狭き門であればくぐれる人はほんのわずかです。

人魚姫は舌を切り落とされて声を奪われ、足は歩くたびに激痛が走り、しかも王子と結婚できなければ海の泡となって消える運命にあります。

そこまでして人間になり、王子と共にあることを望みましたが、夢は潰《つい》えて海の泡になります。

意見②のように、世の中、うまくいくことばかりではない、という教訓のようにも思えないこともありません。もし、「人魚姫」がそれを伝えようとしたのなら、ずいぶんと辛い現実を描いたものです。

それだけでは、多くの人に愛される理由にはならないでしょう。

●多くの人に愛され続けている理由は何？

しかし、人魚姫は本当に報われなかったのでしょうか？　次の意見③では、人魚姫はバッドエンドではないという視点から物語を見ていきます。

opinion 意見③

自らの意志で次々と行動を起こす、積極的な主人公です。バッドエンドに見えますが、自分の行動によって自分の人生を切り開いたと思います。

女性の社会進出も少ない時代に、人魚姫は自らの決断で物語を動かしていきます。おぼれる王子を何とか自分が助けるという強い意志のもと、海岸まで送り届け、自らの決断で人間になり、話せないながらも王子のそばにいられる状態を作り、最期は自分で選んで死を受け入れます。

悪人に捕まってしまったり、不幸に翻弄されたりと、助けを待つ他のヒロインとは違う輝きを放つ、異質の物語という特徴も、受け入れられているポイントの1つでしょう。人魚姫は果敢にチャレンジを続けた主人公です。

もし、人魚姫の行動が、意見①のDであったとしたら、それは、「人に愛されることで、人の魂を分けてもらい、永遠の魂を手に入れる」ことだったとも考えられます。

空気の精となることができた人魚姫は、行動力と決断力でそれを勝ち取った勝者とも言えるでしょう。

この視点から考えると、願い通りに人間となり、人の魂のように、永遠に存在し続ける

可能性を残した人魚姫は、バッドエンドではないとも言えそうです。

300年頑張って、永遠の魂を手に入れるのだという希望と目標を得た人魚姫が描かれていると考えれば、前向きなエンディングにも見えてきます。

「人魚姫」は、永遠の魂を手に入れた、強い意志を持つ女性の物語である?

opinion 意見④

王子の視点で考えると、一方的に愛されて、突然いなくなるだけです。人魚姫は自分勝手なお姫様だと思います。

この物語を1つひとつ考えていくと、いくつかの奇妙な点に気がつきます。

まず、魔女に、人間になるための条件として「声」を差し出す、というのは大きな代償として必要なものだったのでしょう。

それでも、「王子と結婚できなければ海の泡となって消える」という点には疑問が残ります。意見①のように実現の可能性という観点ではなく、その条件が他人に与える影響に

ついてです。

人魚姫にとっては「王子と結婚できなければ、私は死ぬのね…」という切ない条件のように思え、人魚姫が不幸を背負うように思えます。

しかし、王子の側から考えると状況は一変します。「知らない女の子が、『自分と結婚しなければ死んでしまう』呪いを、自ら望んでかけられて目の前に現れる」わけです。

もし、その真実を知ったとしたら、なんと不幸な女の子だろう、ぜひとも結婚しよう、と思うでしょうか。

きっと、「新手のストーカーだ。斬新すぎる」と恐怖を覚えるのではないでしょうか。「自分が結婚を選ばなければ1人の女性を殺すことになるのか…」と辛い選択を迫られることになるでしょう。話の方向性は大きく変わりそうです。

幸い、人魚姫はその事実を王子に伝えることはできませんから、物語はまっすぐに進んでいきます。

そして、また王子に悲劇が襲いかかります。王子は何も悪いことはしていないのに、人魚姫によって殺人未遂まで犯されるわけです。

あんなにかわいがった人魚姫が、ナイフを手に、眠る自分のところに忍び寄ってくるのです。

もし、あの時、人魚姫が短剣で王子を刺し殺していたら、単なる殺人物語になってしまいます。

「助けてやったのに、よくも私の心に気づかなかったわね？　私と結婚しないのなら死んでちょうだい」

王子の「だって何も聞いてないし、知らないし…」という声が聞こえてきそうです。舌を切り取る魔女、王子を殺すナイフを手に入れる姉たち、王子を殺そうとする人魚姫。

これでは人魚姫のジャンルはホラーにでもなりそうです。

得られる教訓としては、「外見で人をすぐに信用してはいけない」「人の気持ちはなかなか伝わらないものだ」といったところでしょうか。

「人魚姫」を、王子の側から考えると、恐ろしい女性の話になる

物語は、考える力や想像力を引き出してくれる

1つの物語を、様々な視点で考えてきました。

この物語はアンデルセンという1人の作家が作った物語ですから、本当はそこまでの深い意味はないのかもしれません。

時代背景も強く関係しているでしょう。アンデルセンは「死んで永遠の魂となる」ことに、つらい現実を生きる以上の幸福を見出していたのかもしれません。

人魚姫がこうして、誰もが知る物語となり、人々に受け入れられていったのは、物語に力がある証拠です。

こういった物語は、いろいろな角度から見つめてみると、想像力がかき立てられ、考える力や想像力を引き出すことができます。

今、人魚姫の物語から何を思いますか？

第5章
最後の難問
地頭を鍛える思考実験

Thought experiments

考えていることを他人に覗かれたら？

「冤罪のない社会」の問題

ついに、「ウソ発見器」などと呼ばれていた装置は、もっとも素晴らしい形で進化を遂げ、完成したのです。

それは、「人が考えていることはすべてわかる」機械です。夢もすべて映像化できますし、自然を見て感動すれば、感動していることを示すマークがモニターに映し出されます。たとえば、駅から自宅までの道のりを想像するだけで、コンピューターが解析し、地図を作り上げることだってできます。

作曲家がこの装置を使用したなら、頭の中で正確に想像できれば、勝手に譜面がコンピューター上に作られていくのです。漫画家はもっとも楽になる職業の1つかもしれません。

さて、私がこの装置をぜひとも使っていただきたいのは、犯罪捜査の現場です。容疑者にこの装置を使えば、考えていることを覗けるわけですから、確実に嘘を見破ることができます。これが冤罪《えんざい》を100％防止するための切り札になることは確実です。

使用しない理由はどこにもありません。容疑者の知っている事実はこの機械が音声で的確に証言しますから、冤罪が生まれる可能性などないのです。

この装置は犯罪捜査以外にも、社会の至る所で役に立つでしょう。素晴らしい発明です。名前はまだ決まっていませんが、仮に「シーズ」と呼ぶことにします。

シーズをどんどん改良し、現在の物置ほどもある大きさから小型化し、大量生産の仕組みを整えていけるよう努力を重ねていく所存です。ご期待ください。

シーズがある冤罪のない世界は素晴らしい世界なのでしょうか？

opinion 意見①

冤罪がなくなるのは素晴らしいことですし、シーズが抑止力となり、犯罪件数も全体的に減ると思います。より良い社会にするために、シーズはあったほうがいいに決まっています。きっと浮気も減りますね。

シーズの存在は、冤罪を減らす意味ではこれ以上にない最高の結果を残すでしょう。嘘は100%暴きますし、容疑者が知っていることは、容疑者が語るのを待つことなく、シーズが全貌を明かしてくれます。

捜査員のスキルもマニュアルさえあればさほど必要なくなるかもしれません。裁判にかかる時間も大幅に短縮され、データ化された判例から、罪状を割り出すようなシステムもあり得ます。なにせ、事実の概要はすべてわかっているのです。

こんなに簡単にばれてしまうとわかれば、犯罪抑止にもそれなりの効果を上げてくれそうです。

人が「考えていること」がわかる機械があれば、犯罪に対する抑止力になる？

opinion 意見②

そうは思いません。捕まれば終わりだと思って、逃げる人が増えます。それに、勘違いしていることだってあるかもしれません。たとえば、自分はやっていないのに、やったと思い込んでしまうことがあるそうですから。それがシーズにとって真実になるのだとしたら、冤罪を100％防ぐことはできません。

シーズの存在は、罪を犯してしまった人にとって、この上ない脅威です。しかし、シーズにも弱点はあります。「犯人がどこにいるか？」を探ることはできないのです。

犯人を捕まえないとシーズは使えません。こうなると、犯人はシーズを怖がるあまり逃走する可能性も高まるかもしれません。

また、人は自分が犯していない罪について、いとも簡単に犯したかもしれないと思うことがあります。

特に、外部からの情報が少なく、脳への刺激が少ない密室などでは、人はいとも簡単にやってもいないことを「やった」と信じてしまいます。

さらに精神的にも追いつめられてしまうため、取調室と留置場や拘置所の往復は、誤っ

た記憶を信じてしまう、典型的な環境かもしれません。

たとえば、行ってもいない場所に行ったとか、そこまでどんな理由で何時頃行ったかなど、その場で説明されたことを本当に自分が行ったように信じ込み、自分目線で語り出します。普段タバコを吸わないにもかかわらず、タバコの火の不始末で火事を起こしたというストーリーさえ自分のものにしてしまうのです。

普段の生活では信じられないことですが、人の脳は自分が思うよりずっと脆《もろ》く、こんな信じられない記憶が簡単に脳に植え付けられてしまうのです。

人は、視覚的にイメージすることをくり返すと、それが本当にあったこととして記憶に植え付けられるといいます。

そして、情報がどこからのものなのか、つまり自分の体験か、他人から聞いたのかなどをすっかり忘れてしまうのです。

もし、情報操作で嘘の記憶を植え付けられたとしても、自分の体験として疑わない状態を作り出すことだって可能なのです。

そうなれば、本人が作られたストーリーを信じ込むのですから、シーズにとっても真実

と判断される可能性は高くなるとも考えられます。

もし、そうなれば、シーズは冤罪を100%防げるのかもわからなくなります。


人は、勘違いしたり思い込んだりするもの。だから、「考えていること」がわかっても冤罪は防げない

opinion 意見③

考えていることを覗かれるのは怖いことだと思います。思想も、宗教も、政治も、いろんなものが筒抜けになり、自由がなくなります。


人間関係において、すべて正直に何もかも話す人などいるはずもありません。

親しくもない人に、「だらしないですね」などのネガティブな言葉は、もし心で感じても、それを話の流れでためらいもなく言葉に出す人はいないでしょう。

私たちは、普段から、言っていいことと悪いことをふるいにかけ、自分なりに判断して言葉を紡いでいます。

たとえ、犯罪者であっても、「何が犯罪に繋がったかを知るため」という理由で、あれ

これ脳の中を探られてしまうとしたら、これに疑問を抱く人も多いのではないでしょうか。

もしかすると、心理学の専門家が、本人はまるで意識していないような部分に焦点を当て、「この思想が今回の犯罪に繋がった」と断定するかもしれません。

もし、たしかにそれが正しかったとしても、自分さえ理解していない自分の心のうちが、量刑に左右されるとしたら、一方的な押し付けのようにも感じられるでしょう。

日本では、宗教や政治を普段あまり話題にすることはありません。そういった話題は意識して避ける人がほとんどです。

テレビ番組を観ても、そういったことを話題にする有名人はほとんどいません。シーズの存在があることで、そういった、あまり知られることを良しとしない部分も、容易に知ることができるようになってしまい、それが政治などに利用される可能性を考えると、いい印象を持てないのではないでしょうか。

もし、シーズが活用されるとしたら、使い方の制限を厳しくマニュアル化することが必要不可欠なようです。しかし、そのマニュアルを作るのは人の役目になりますから、正しく扱うことはできるのでしょうか。

「考えていること」が他人にわかってしまう機械があったとしたら、社会は何をすべきだろう？

●心の中を読み取る機械を有意義に使うには？

opinion 意見④

言葉がうまく組み立てられず話せない人、声が出せない人にはとても助けになるはずです。うまく調節してそういう人たちの役に立ててほしいです。

シーズがもっとも必要とされるのは、犯罪捜査以上に、話せない人に対する補助ではないかと考えられます。

2014年に放送されたテレビドラマ「僕のいた時間」では、難病ALS（筋萎縮性側索硬化症）になった主人公・拓人が、懸命に病と向き合う姿が描かれました。

最後には、人工呼吸器をつけるかどうかという重大な選択に悩みます。この装置をつける時には、気管を切開する必要があり、声を出すことができなくなります。

咽頭がんなどにより、回復が見込めないと判断された場合は、一時的ではなく、永久的気管切開が選択されるため、咽頭を使って声を出すことはできなくなります。

「僕のいた時間」の拓人にとって、二度と話すことができなくなることや痰の吸引など、妻となった恵への負担が増えてしまうことは、つらい現実でした。さらに、生き続けることで筋肉はもっと動かなくなり、痛みすら伝えられず孤独に耐えられないかもしれないという不安と恐怖も拓人を苦しめます。

そんな中で、結論として、「生きる」こと自体への意味を見出した拓人は、人工呼吸器をつける選択をします。そして、意思を伝えるために、文字盤を追う目の動きで会話する状態になり、しだいに意思の疎通が困難になっていきます。

もし、シーズが拓人の会話を円滑に進められるなら、言葉を失うことに対する怖さは確実に和らぐでしょう。

話したいことを想像することで、音声として再生してくれるのです。会話のテンポも、文字盤を目で追うというわずらわしさから解放され、通常の会話とほぼ変わりなく行えると予想できます。

言葉にする必要のない思考を排除するシステムをうまく作る必要はあるでしょうが、病気に苦しむ人にとって希望の光となるのは間違いありません。

現在、考えていることを分析する技術は、目覚ましい進歩を遂げています。

カリフォルニア大学バークレー校、ヘレン・ウィルス神経科学研究所のロバート・ナイト教授らのチームは、「脳がどんな単語を聞いたか？」をコンピューターで割り出すことや、想像した言葉を脳の信号を数学的に処理することで、音声として再生することができるようになったと発表しています。

つまり、言葉を思うだけで、その言葉が音声としてスピーカーから発せられるのです。

この技術を使えば、拓人のような重病に悩む人の会話の補助が可能になります。

脳梗塞や咽頭がんなどにより、声を失う人は多いものです。「あと10年もすれば、会話補助を行える機器は、人工股関節と同じくらい一般的になっているだろう」と語られています。

心の中を読み取る機械が実用化されたら、病気に苦しむ人にとって大きなメリットになる？

自分が自分の心を知る時にも使えそうですね。進路に悩んだら、占い師に相談するのではなく、シーズのような心を読み取る機械に相談する日が来るかもしれません。もう、自分の気持ちがわからなくなることはないのです。

考える前に体が動いていた、という経験が誰にでも1度はあるでしょう。人の意識は無意識が決定したことを後から知る、とも言われています。

たとえば、あなたがレストランで食事をした後、チョコレートパフェを食べようか、あんみつを食べようか、あんみつにするならバニラアイスを添えようかどうしようかと迷っていたとしましょう。

「チョコレートパフェにしよう」と、あなたがまさに決定した瞬間は、すでに結論を出していた無意識の声を意識が聞き取った瞬間だというわけです。

もし、これが正しいとしたならば、重要な選択をまさに決めようとしている時、シーズに自分の思考を読み取らせ、自らの選択がどれなのかをモニターを見て知ることができるかもしれないのです。

「A社にとどまるか、B社に転職するか、私の答えはA社に残留か。新しい挑戦もしてみたいと考えていたはずだが、現時点で踏ん切りがついていないようだな。うーん、今年はA社で結果を残せるよう頑張ってみよう」

モニターを見た人が、そんなことをつぶやく日がやってくるのかもしれません。自分の選択を「自分に教えてもらえる」のなら、決断も機械任せになるのでしょうか。

もし、あなたなら重要な選択をシーズに教えてもらいたいと思いますか？

「考えていること」がわかる機械は、自分が意思決定したい時に役立つから、良いものだ？

シーズのある将来

様々な角度から心を読み取ることの功罪を考えてきましたが、何を思ったでしょうか。無限の可能性とともに危険性も併せ持つ「心の読み取り」ですが、比較的近い将来に実用化されるかもしれません。確実に必要とする人がいる一方で、悪用する例も出てくることが予想されます。あなたならシーズをどんな場面に活かそうと考えますか？

Thought experiments

なぜ嘘をついてはいけないのか？

「羊飼いの少年とオオカミ」の問題

村はずれの牧場で、羊の世話をする羊飼いの少年がいました。

少年は暇を持て余し、イタズラを思いつきます。

「村の人たちをちょっと脅かしてやろう」と思い、少年は大声を上げました。

「大変だぁ～！　オオカミが来たぞ～！」

村人たちは、これは一大事だと、手に武器を持って少年のところに駆けつけました。しかし、オオカミなどどこにもいません。少年と羊の無事を確認して、村人たちは帰っていきました。

駆けつけてきた村人の様子があまりに面白かった少年は、また同じ嘘をつきます。

「大変だぁ～！　オオカミが来たぞ～！」

村人たちは、再び、これは一大事だと、手に武器を持って少年のところに駆けつけました。しかし、今回もオオカミなどどこにもいません。少年と羊の無事を確認して、村人た

ちは帰っていきました。

少年は完全に味をしめました。面白い暇つぶしを見つけたと言わんばかりに、翌日も叫びます。

「大変だぁ～！　オオカミが来たぞ～！」

村人たちはまたやってきては少年と羊の無事を喜びかえっていきました。

しかし、しだいに変化がやってきます。

「大変だぁ～！　オオカミが来たぞ～！」

その声に反応する村人たちが減ってきたのです。そして、ついに誰も来なくなりました。

ある日、少年が羊の世話をしていると、オオカミがやってきました。

「大変だぁ～！　オオカミが来たぞ～！」

少年は必死に叫び声を上げました。しか

し、村人は１人としてやってきません。

そして、ついに羊はみんなオオカミに食われてしまいました。

これは、『イソップ寓話』の１つをもとにした思考実験ですが、羊たちはなぜオオカミに食われてしまったのでしょうか？　少年の嘘はそれほど罪深いものだったのでしょうか？

opinion 意見①

村人たちは学習してしまったのだと思います。「少年の『オオカミが来たぞ～！』は、自分たちを呼ぼうとしているだけだから気にしなくていい」と、理解してしまったのです。「オオカミ」以外のワードで呼んだなら来てくれたかもしれません。

本当にオオカミが来た時、いつもの嘘と同じ「大変だぁ～！　オオカミが来たぞ～！」ではなく、「うわぁぁー！　助けてくれ～、イノシシだ！　誰か～」と言ったなら、もともと、あれだけ駆けつけてくれた村人たちですから、「これは大変だ！」と駆けつけてくれる可能性は高くなるでしょう。

村人たちは、何度も嘘に騙《だま》されるうちに、少年の言う「大変だぁ～！　オオカミが来た

村人の認識

少年の度重なる悪ふざけによって、村人たちにこんな認識が生まれてしまった。

村人辞書

大変だぁ〜!　オオカミが来たぞ〜!
(羊飼いの少年が言う場合)

意味
少年が暇つぶしに村人たちを呼んで遊ぼうとする時に使う言葉。
実際にオオカミが来ていることはなく、出向いても無駄足に終わり、少年の欲求を満たすだけとなる。

ぞ〜!」は、オオカミがいないのに面白半分に自分たちを呼ぼうとする声だと認識するようになりました。

これでは、実際にオオカミが来た時に、「大変だぁ〜!　オオカミが来たぞ〜!」と言っても村人は「またか」と思うだけです。最後には「大変だぁ〜!　オオカミが来たぞ〜!」と聞こえても、眉ひとつ動かさないくらいに慣れきってしまったのではないでしょうか。

もはや日常です。

羊飼いの少年は、間違った遊び

を覚えてしまい、結果その代償は高すぎるものとなりました。何度も周囲の人に迷惑をかけていると、その人はそういう人だと当然のように評価されてしまいます。

その結果、「村人辞書」はでき上がり、少年は悲劇に見舞われることになったのです。この物語は、周囲の人に迷惑をかけると相手にしてもらえなくなりますよ、という教訓なのかもしれません。

何度もマイナス行動をくり返すと、周囲は「そのような人」だと認識する

opinion 意見②

何度も同じ嘘をつかれたら、助けに来ないのも当然です。また嘘だと思いますから。少年は「信用」を失ってしまったのだと思います。

なぜ嘘をついてはいけないのか、そのもっともわかりやすい答えが「信用を失うから」ではないでしょうか。もし、嘘をつくことが何の罪悪感もなく日常的に行われ、うまく嘘をついて結果を出す人が高く評価されるような社会だったとしたらどうなるでしょうか。

「嘘の情報をうまく信じさせて契約を取りました！」

「この、ピカソそっくりの絵、もっと量産しましょう。ピカソだと言えば高く売れますから！」

もし、こんなことが平気で行われるようになれば、当然、人は誰も信じられなくなります。

スーパーで買い物をしようとしても、何を信じればいいのかわかりません。

「このコロッケに使われている肉は、高級な～」それは嘘かもしれない。

「この服は日本で作られ～」てはいないかもしれない。

「商品の裏に書かれている原材料～」嘘だらけかもしれない。

社会は信用で成り立っています。「嘘の氾濫」には、その信用が根底から崩れ去るような破壊力があるのです。これでは社会はうまく回っていきません。幸い、人は知恵を持っています。嘘の氾濫が、社会を崩壊させることを、私たちは理解することができます。

だから、「嘘をついてはいけません」というルールが必要だとわかるのです。しかも、「当たり前だけど」と、常識として心に根付かせました。

物語の少年は、何度も嘘をつくことで、村人からの信用を失い、誰にも信じてもらえなくなってしまったのです。

●人は嘘をつくことに、慣れていく

ここで、興味深い研究があります。人は嘘をつくことで、嘘をつくことに慣れ、だんだんと嘘をつくことに抵抗をなくしていくというのです。そして、だんだんと大胆な嘘をつくようになり、信じられない事件を起こすことになるのだとか。

「ネイチャー・ニューロサイエンス」に掲載されたロンドン大学の研究論文によると、何度も嘘をつくことでだんだんと嘘の度合いが大きくなるのだそうです。

実験は、いくつかのコインの入った透明な入れ物を被験者に見せて、いくら入っているかを答えさせるというものです。

被験者はパートナーと2人組で実験に臨みます。被験者は、2人の被験者で実験を行うと思っていますが、このパートナーはじつは実験のすべてを知っている仕掛け人側に属し

ます。しかし、被験者にはわからないように、2人組の被験者としてふるまいます。

まず、被験者に透明な入れ物にいくらかコインが入っている画像を見せます。画像は大きく、はっきり見えます。対して、パートナーには不鮮明で小さな画像しか見せません。パートナーは実験の内容を知っていますから、「よく見えないな」という素振りを見せ、被験者のアドバイスに耳を傾けます。被験者は、パートナーが画像がよく見えないようだとわかったうえで、パートナーが入れ物に入っている正確な金額を答えられるようにアドバイスするという実験です。

被験者は次のいずれかの条件を与えられています。

条件A

「パートナーが実際より多い金額を言えば、あなたは多くの金額を手にすることができます。しかし、パートナーは正解に近いほうが多い金額を手にできますので、あなたが得をするほどパートナーは損をします」

条件B

「パートナーが実際より多い金額を言えば、あなたとパートナーは、両方とも多くの金額を手にすることができます」

条件C

「パートナーが正解に近い金額を言えば、あなたとパートナーは多くの金額を手にすることができます」

条件Aと条件Bでは、嘘をつくほうが被験者は得をするという条件になっています。実際に実験をしてみると、条件Aと条件Bはくり返すたびに嘘の度合いが高まっていき、嘘をつく時に反応する脳の部位（扁桃体）の働きはだんだん弱くなっていったそうです。

つまり、平気で嘘をつけるようになっていったということですね。条件Cではほとんど嘘はつきません。条件Aと条件Bでは、条件Bのほうが嘘をつく確率が上がるようです。みんなで得をしたいとか、相手に損をさせるのは申し訳ないという気持ちが働くためでしょう。

物語の少年も、1回目は「面白かったけれど、悪いことしたな」と多少なりとも思ったことでしょう。しかし、だんだんそんな気持ちも薄れてきて、だんだんとよりリアルな口調で「大変だぁ〜！　オオカミが来たぞ〜！」と叫ぶようになったのかもしれません。

村人たちの、「今度こそ本当かもしれない！」という心すらもてあそぶ結果になってしまい、ついに、どんなにリアルに叫んでも来てもらえなくなってしまったのでしょうか。少年の羊は悲しい末路を迎えてしまいます。

嘘はついているうちに平気になってしまうという恐ろしさを持っています。実際に、扁桃体の働きが鈍くなるという脳の変化をもたらすのですから、誰にでも襲ってくる嘘の大きな落とし穴と言えるでしょう。

たとえば、商品の品質について、ちょっとだけ基準値に届かなかった項目を水増ししたとしましょう。きっと最初は「今回だけだ。たまたま検査したものがわずかに届かなかっただけで、きっと平均したら届いていると思うから大丈夫」と嘘をついてしまったのでしょう。

しかし、その次もちょっとだけ水増しをしてしまいました。そして、3回、4回と「今

回だけ」が積もっていったとしたら、いつしか水増しは当たり前になり、水増しの度合いもどんどん増えていくでしょう。嘘はいつしか罪悪感すら失わせ、その結果エスカレートしていくのです。

詐欺で捕まった人の、詐欺によって得た金額を見て驚いたことはきっと1度や2度ではないはずです。なぜそんなに大きな金額を人から騙し取れるのだと不思議に思うでしょう。これにも扁桃体の働きと嘘のエスカレートが関係しています。詐欺が平気になり、騙しの手口も大胆になっていきます。

人は嘘をつくことに慣れてしまうが、失った信用は取り戻せない

ある程度の年齢になれば、嘘をついたことがない人など、日本中探しても1人もいないでしょう。そして、嘘に嘘を重ねてしまったこともあるのではないでしょうか。同じ嘘を何度もついているうちに平気になった経験もあるかもしれません。

ふと、「自分は変なことに慣れていないだろうか？」と考えてみる時間も大切かもしれませんね。

opinion 意見③

意見①から、緊急地震速報を思い浮かべました。私たちは地震に慣れすぎて、教えてくれても動こうとしないことがあります。「羊飼いの少年とオオカミ」に通じるところがありそうです。

次に、この物語を、村人たちの視点で考えてみましょう。

村人たちは、少年の「大変だぁ〜！ オオカミが来たぞ〜！」の言葉に慣れすぎてしまいました。そのため、本当の危機に気づくことができなかったのです。

常に注意していれば、緊張感の差による声色の違いなどから「もしかしたら本当なのでは？」と気づくことができたかもしれません。

しかし、すっかり慣れすぎて、常に情報を受け流してしまった結果、本当にオオカミがやってきた時に助けに行くことができず、悲劇は起きたのです。羊飼いの少年が悪いのだから自業自得だ、と考えるかもしれません。しかし、これがもし、こんな警告だったらどうでしょうか？

少年の「大変だぁ〜！ オオカミが来たぞ〜！」を、「大雨だぞ〜！ 川の氾濫に備えろ〜！」として、毎回、氾濫などしなかったと置き換えてみます。

羊飼いの少年は、雨が強いな、雲の様子から、大雨が来るかもしれないと判断すると、「大雨だぞ〜！　川の氾濫に備えろ〜！」と叫びます。

だんだんと村人は「大雨だぞ〜！　川の氾濫に備えろ〜！」という注意に慣れてしまいました。「村人辞書」に「羊飼いの少年が言う場合は備えても無駄に終わる」と書き込まれてしまい、少年が「大雨だぞ〜！　川の氾濫に備えろ〜！」と警告を発しても誰も反応をしなくなりました。

いざ、本当に氾濫する時の「大雨だぞ〜！　川の氾濫に備えろ〜！」も、「またか」と聞き流してしまったとしたらどうなるでしょう。無防備な状態で川が氾濫し、大惨事になります。

地震などによる避難勧告についても、「どうせ大丈夫だろう」は命取りになりかねません。嵐の時に海の様子を見に行く心理も、周囲からの「そこは危ないよ！」に慣れすぎているからかもしれません。

「どうせ大丈夫だろう」と自分が思っていると気づいた時、「もしかしたら」と考えること、まさに「思考実験」をしておくことが大切なのです。

「大変だぁ〜！　オオカミが来たぞ〜！」

もしも、本当だったとしたら大変なことになる。いつもと声色が違わないか、最低でも

そのくらいは確認して、できれば見に行っておこうか…。

「大雨だぞ～！　川の氾濫に備えろ～！」

自然はいつ牙を剝《む》くかわからないぞ。もし本当に氾濫したらこのままの状態で私は無事でいられるだろうか？

「シートベルトを締めてください」

もし、強い衝撃があった場合、シートベルトを締めていなければ車外に放り出されるだろう。

私たちは情報に慣れすぎてしまうと、大切なものを見逃してしまう

「羊飼いの少年とオオカミ」は、「嘘をついてはいけない」というわかりやすい教訓と受け取るよりも、「情報に慣れすぎると、大切なものを見逃してしまう」と見方を変えてとらえることで、大人になった私たちにも違った教訓を与えてくれます。

Thought experiments

「殺人犯と嘘」の問題

どんな嘘なら許されるのか?

あなたの友人のエドウィンが、何年かぶりにあなたの家にやってきました。

「殺人犯に命を狙われている…かくまってほしい。警察は取り合ってくれない」

追い返すこともできないあなたは、エドウィンを家に上げ、友人は部屋のクローゼットに身を隠しました。

数十分後、1人の男があなたの家にやってきました。ドアのカギを一発でこじ開け、ドアを開くと、男はあなたに問います。

「この家にエドウィンはいるか?」

この男がエドウィンを狙っている男であることは確実でした。

あなたはこの男になんと答えますか?

opinion 意見①

当然、「ここにはいない」と言って追い返します。他の選択肢はありません。

この状況で、「この家にいますよ」なんて言う人がどこにいるでしょうか。もし、正直に「この家にいますよ」と言うとしたら、最初にエドウィンが来た時に、「もし、犯人が来たらこの家にいると言ってしまうぞ」と言っておくべきでしょう。あなたは「かくまう」ことを決めたのですから、こっそりとエドウィンを隠しておくと判断すべきでしょう。

ここでは、「嘘」についてもっと深く考えてみたいと思います。

18世紀の有名な哲学者、イマヌエル・カントは、「誰しもが無条件に従うべき道徳」として「嘘をついてはいけない」としました。結果がどうなっても、嘘をつくべきではないから、嘘をつかなければその行動は正しいのです。

もし、カントの意見をふまえたうえで答えを出すとしたら、どうするかを考えてみてください。エドウィンはすでに、あなたの家のクローゼットに隠れています。

カントの意見「嘘をついてはいけない」をふまえたうえで、答えを出すとしたら？

opinion **意見②**

バレないようにするには、嘘をつくしかないと考えるからいけないんです。バレようのない、どうにでも取れることを言えばいいと思います。たとえば、「5年会ってないな」と言います。

カントの視点から考えると、「殺人犯と嘘」のあなたは、エドウィンが家にいることを告げるべきとなります。結果、エドウィンが男によって殺されたとしても、あなたは正しい行いをしたことになります。

この「誰しもが無条件に従うべき道徳」に嘘が含まれるということ自体は理解できます。「羊飼いの少年とオオカミ」の意見②のように、嘘は社会を混乱させますから、無条件に従うべき道徳として嘘をついてはいけないと誰もが思っているべきではあるでしょう。

しかし、「例外」はあるはずです。それでも嘘をつくなと言うならば、意見②のよう

に、相手に勘違いしてもらうことを言うしかないでしょう。

たとえば、今回会うまでに5年会っていないならば、「5年会ってないな」と言えば本当のことを言っていますし、犯人にも遠回しに「ここにはいない」と伝えていることになります。場所を言いたければ、エドウィンが一度でも行ったことのある場所を言えばいいでしょう。「駅の南にある神社で見かけた」と言えば、嘘にはなりません。

ただ、これを本当に嘘をついていないと考えるかどうかは意見が分かれるでしょう。犯人の質問の意図がはっきりとわかったうえで、犯人が間違えてとらえてくれることを期待して答えた言葉は嘘でないと言えるでしょうか。

女「コーヒーでいいかしら?」
男「砂糖はいらないぞ」
女「わかったわ」
5分後…。
女「はい、ブラックコーヒーよ」

男「誰がコーヒーと言ったんだ、紅茶だよ。私が飲みたいのは無糖の紅茶だ」

こんな会話があったとしたら、「砂糖はいらないぞ」は、「コーヒーを頼むよ。砂糖はいらないぞ」に決まっていると誰もが思うでしょう。

「コーヒーが欲しいと思わせておいて、紅茶が答えだと言った。おそらくわざと間違えさせて文句が言いたかったのだろう。この人は嘘をついたようなものだ」と、女性から思われても仕方がありません。明らかに、コーヒーを持ってくるように相手を誘導しています。「ああ。コーヒーが飲みたい」と嘘を言った時と同じ結果を狙い、そのとおりになったわけです。

「嘘をついた時の罪悪感は持ちたくないが、相手に勘違いをしてほしい」という、都合のいい言葉を探して発しているのですから、嘘まがいであることは疑いようもありません。

ただ「私は嘘はついていない」、という言い逃れは有効でしょう。

あなたは意見②をどうとらえますか？

相手が勘違いしてくれることを期待する言葉は、嘘とは違う？

opinion 意見③

嘘をついてはいけないと言われても、この場合は例外です。命には代えられません。「さあ、知らないけれど？」と言って追い返すのが正しいです。

しかし、エドウィンが殺されてなお、「私は正しいことをした」と思うのは難しいでしょう。意見②に書いたように、例外として助けるべきだと考えられます。

ただ、あなたが「ここにはいない」とか、「さあ、知らないけれど？」と言ったところで、素直に殺人犯は帰っていくでしょうか？

そもそも、この場所を疑って現れたのですから、「嘘をつけ。中を探らせてもらう」と、家の中に入る可能性も高いでしょう。

そう考えた時、エドウィンが殺されるという結果は変わらず、しかも、カントの言う「誰しもが無条件に従うべき道徳」を破り、嘘をついてしまったことになるのです。

嘘をついたうえにエドウィンが死んだとしたら、最悪の結果ということになります。

その時、あなたはどう思うでしょうか？　「こんなことなら嘘をつくのではなかった」と思うでしょうか？　おそらく多くの人はそうは思わないでしょう。結果がどうであれ、あの場面では嘘をつくしか選択肢はなかったと考えるはずです。

そして、「ここにはいない」とか、「さあ、知らないけれど？」と言って犯人を追い返そうとするのではないでしょうか。

わかりやすくするために、「結果としてエドウィンが死んでしまうことがわかっている」という設定で考えてみましょう。

Thought experiments

あなたはそれでも嘘をつくか？

「特殊な能力の殺人犯と嘘」の問題

犯人は特殊な能力を持っていて、エドウィンのニオイを嗅ぎつけます。そしてあなたの家にやってきました。

「自分を追っている男は異常な嗅覚で俺を見つけるんだ。クローゼットの中なら欺けるかもしれない……！　警察は取り合ってくれない。かくまってくれ」

エドウィンはそう言うと、あなたの家のクローゼットに隠れました。あなたは、ありったけの消臭スプレーで部屋中のニオイを処理しました。しかし、無情にも殺人犯はあなたの家に現れます。

犯人は時間稼ぎや説得には応じません。ただ、あなたに一言、質問をします。

「エドウィンはこの家にいるか？」

ニオイをたどってあなたの家を嗅ぎつけ、素早くドアをこじ開けた殺人犯には、明確に

エドウィンがこの家にいるであろうことがわかっています。相手の様子からあなたもそれを感じ取っています。あなたがどう答えようと、家に押し入ってエドウィンに襲いかかることは明白でしょう。

それをあなた自身もわかっている場合、あなたはそれでも嘘をつくでしょうか？

opinion **意見①**

それでも「ここにいる」とは言えないです。「さあ、知らないよ」とか、「とにかく帰って」と言いそうです。

結果として、エドウィンが殺されてしまうとしても、意見①のように、「さあ、知らないよ」とか、「とにかく帰って」と言うほうが正しいようにも思えます。それはなぜでしょうか？

エドウィンはあなたが何を言っても殺されてしまうのですから、それならば、せめて嘘はつかないほうがいいと考えるほうが論理的に思えます。少なからず、嘘をつかないほうがいいというのは私たちの共通認識なのですから。

「さあ、知らないよ」と言った時、あなたは嘘をついてしまったうえに、エドウィンを救

うこともできません。結果が変わらないのに、なぜ嘘をつく必要があるのでしょうか？

「殺人犯などに本当のことを言う必要はない！」と思うかもしれませんが、殺人犯は答えを知っているのですから、結局は無駄な嘘です。格好をつけても仕方ありません。

●1文字違いが決定的な違いに

これを考える時、問題になってくるのは「あなたはどうしたかったか？」という視点です。もし、エドウィンの居場所を「ここにいる」と伝えたとしたら、あなたは「嘘をつきたくなかった」から正直に伝えたことになります。

一方で、結果がわかっているのに「さあ、知らないよ」と伝えたとしたら、あなたは「嘘をつきたかったから」そうしたのでしょうか？

そうではなく、「エドウィンを守りたかったから」嘘をついたのでしょう。結果として無駄とわかっていても、「ここにいる」とは言えなかったのです。

・自分は嘘をつかなかった。結果として守らなかった。

それでも嘘をつくのか？

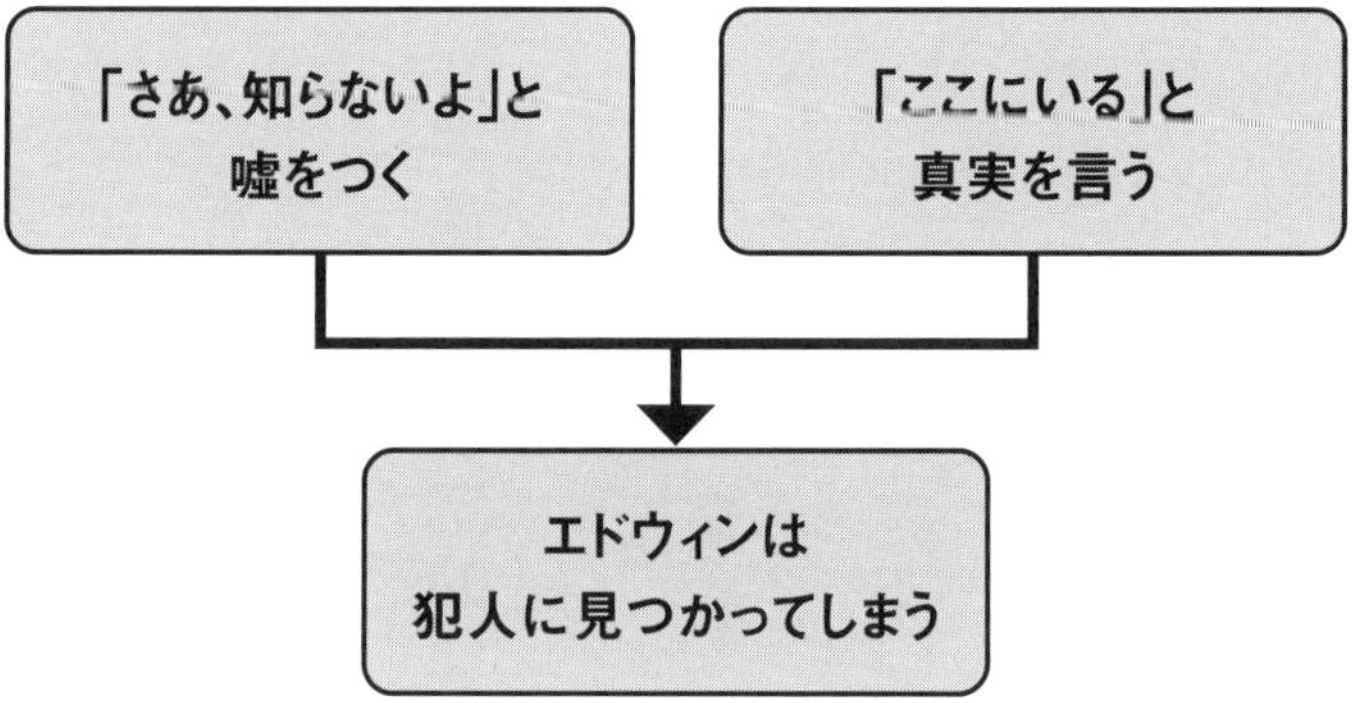
「さあ、知らないよ」と
嘘をつく
「ここにいる」と
真実を言う
エドウィンは
犯人に見つかってしまう

嘘をついても結果が一緒なら、
せめて嘘をつかないほうがいいはずだが……？

・自分は守ろうとしたけれど、結果として守れなかった。

「守らなかった」と、「守れなかった」は、1文字違うだけですが、意味合いはまったく違います。前者は、守る気はそもそもなく、後者は守ろうという気がありました。

たとえば、「殺す気はなかった」のに相手が死んでしまった場合と、「殺そうとした」から、相手が死んだ場合を同じように考えることはありません。

結果が同じであっても、「意図」の違いでまったく印象が変わります。裁判でも、「意図があったかどうか？」が争点となることは多く、法律上も意図は罪の大きさを

変えると決められているのです。

物語のあなたの場合も、意図は重要な役割を果たします。結果は同じであっても、「エドウィンを守る意図があったかどうか？」は、あなたの心の中の争点となるでしょう。

エドウィンを裏切れない、エドウィンが死んでもいいというような発言はできないという思考があり、かつその思考に沿うような発言をしていれば、エドウィンを守る意図が明確にあったと考えられます。

その意図と嘘は、自身の心を守るうえで大きな役割を果たします。

人は感情で心を揺り動かす生き物ですから、心を健全に守るためにも、必要な嘘はあると考えられるのです。

同時に、心を健全に守るために、嘘をつかないというルールも必要でしょう。確かな正解のない曖昧な問題ですが、それでも自分が納得できる一定の線引きはできるでしょう。

あなたは、どんな嘘なら許されると考えますか？

嘘が許されるか、許されないかは、嘘をつく人の「意図」によって左右される

Thought experiments

「ゼノンのパラドックス」の問題①

二分法

「マラソンの距離を考えやすいように40kmとして…」

宮口の友人である橋谷は、細かい難しい話が大好きで、今日もケーキ屋で、「3000円未満であり、かつ3000円に近くなるように8個のケーキを選ぶには…」と、頭の中のそろばんをはじいてから、このカフェにやってきました。

ケーキはケーキ屋の親切な店員さんに預かってもらっているから、調子に乗ってこんな難しい話を始めたのです。

「選手はまず半分の20kmを目指すと考えよう」

「何の話だ…」

宮口は唐突な話に戸惑いながら、耳を傾けました。

「それで、20kmまできたら、今度は残りの距離の半分の30km地点を目指す。30kmまで来たら、次は残り10kmの半分、つまり35km地点を目指すんだ」

「その次は37・5kmだね」

「そうそう。そうやって、ずっと残りの距離の半分を目指して走っていく。しかも、それぞれの所要時間は同じと考えようか。すると、絶対ゴールできないことがわかる」

「いや、あと1cmになったら残り1歩もないよ」

熱心に話す橋谷の話が見えてこない宮口は、現実的な話をしようとしましたが、どうやらそういう話ではなさそうです。

「ダメだ。残り0・5cmの、39・99995kmを目指さなければいけないのだ。だから、ずっと残りの距離はあることになる！　つまりは、無限の点を通過する必要があるんだよ」

「えっと～、何の話？」

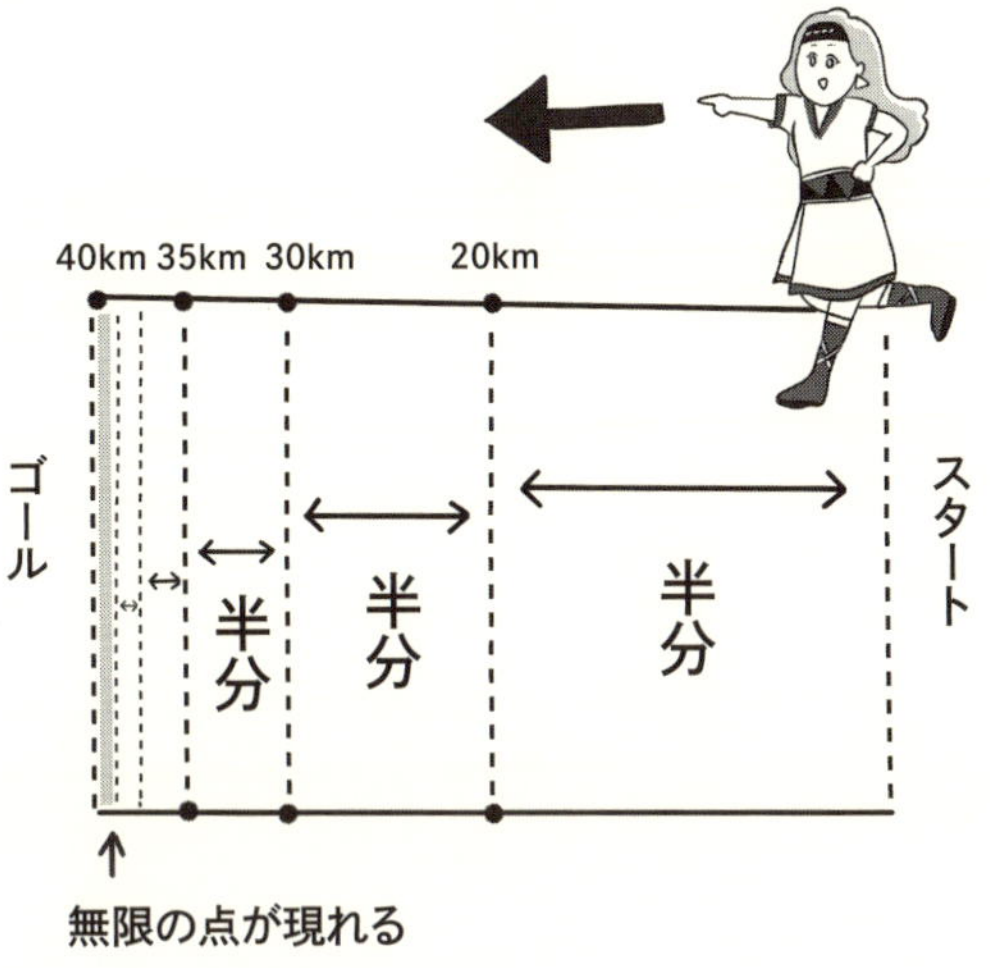

「ゼノンの二分法さ。無限の点を通過しなければならないランナー。1つひとつの点には、必ずわずかな時間がかかるから、無限の点を通過するためには、無限の時間が必要なんだ。無限の時間だよ？　当然ランナーはゴールできない。もっと身近にしようか」

「そのほうがいいな」

宮口は半分飽きていたものの、どうしていいのかわからず、続きを待つことにしました。

「宮口の目の前に正方形のヨウカンがあるとしよう」

「わかった」

「すべて食べる前に半分食べることになる」

「まあ、必ず通過するな。半分は」

「その前に半分の半分を食べる」

「4分の1な。まあ、たしかに」

橋谷は鋭い目で宮口を見て、さらに続けました。

「その半分、その半分と永遠に点の存在を考えていくと…」

「食べ始められないじゃないか！」

「…となる。無限の点が現れ、その1点1点にわずかな時間が必要になるから、食べ始めることすらできなくなるんだ」

宮口は一瞬考えてから言いました。

「でもなあ…ほら、こうやって食べられるからなぁ」

宮口は目の前にあるつもりのヨウカンを食べるジェスチャーをしました。

「そうじゃなくて、論破してほしいんだよ、この話を！　実際できるとか、そういうんじゃなくてさ」

さて、論破できますか？

エレアのゼノンは、紀元前5世紀頃に活躍した哲学者で、この話は有名なゼノンのパラドックスの1つです。ゼノンは一定の距離を進むためにはその半分の地点を通過する必要があり、半分、半分、半分と考えていくと、無限の点が現れるとしました。

もちろん、ゼノンは本気でたとえばヨウカンを食べ始められないというような変なことを言い出したわけではありません。相手の主張を元に話を作り上げ、それを論破することで、相手の話に矛盾があることを示したかったのです。

ここでは、残り3つを含め、4つのパラドックスを考えていきます。

まず、最初はこの二分法です。4つの話にはすべて通ずるところがありますから、どこかですっと理解できれば、全体の理解が進みます。

opinion 意見①

橋谷は何が言いたいのかよくわかりませんが、永遠に半分にしても宮口の言うとおり、ゴールできますし、食べ始められます。

あえて、「そうじゃなくて、論破してほしいんだ」という橋谷の考えを無視した意見です。というより、「この話は何が言いたいのかさっぱりわからないという意見」と言えるでしょう。

普通に考えれば、マラソン選手は途中でリタイアしない限りは完走するわけですし、目の前の食べ物を食べ始められないという意見は明らかな嘘とわかります。

ただ、次のように言われると、論破するのは難しくないでしょうか？

もし、あなたが2階から1階に階段で下りるとしましょう。

もし、16段あるなら、途中の8段目を通過する必要がありますね。その前に4段下りる必要があります。その前に2段下りなければならず、その前に1段下りる必要がありま す。さらに0・5段の位置を通過する必要があり、その前に…と永遠に考えていくことができます。

そこには無限の点が存在し、無限の点を通過するためには、無限の時間が必要なのです。

そう考えると下り始めることすらできないことがわかります。つまり、運動そのものができないという結論が導き出されてしまうのです。

ゴールまでには「無限の点」があるから、時間も「無限」に必要になる

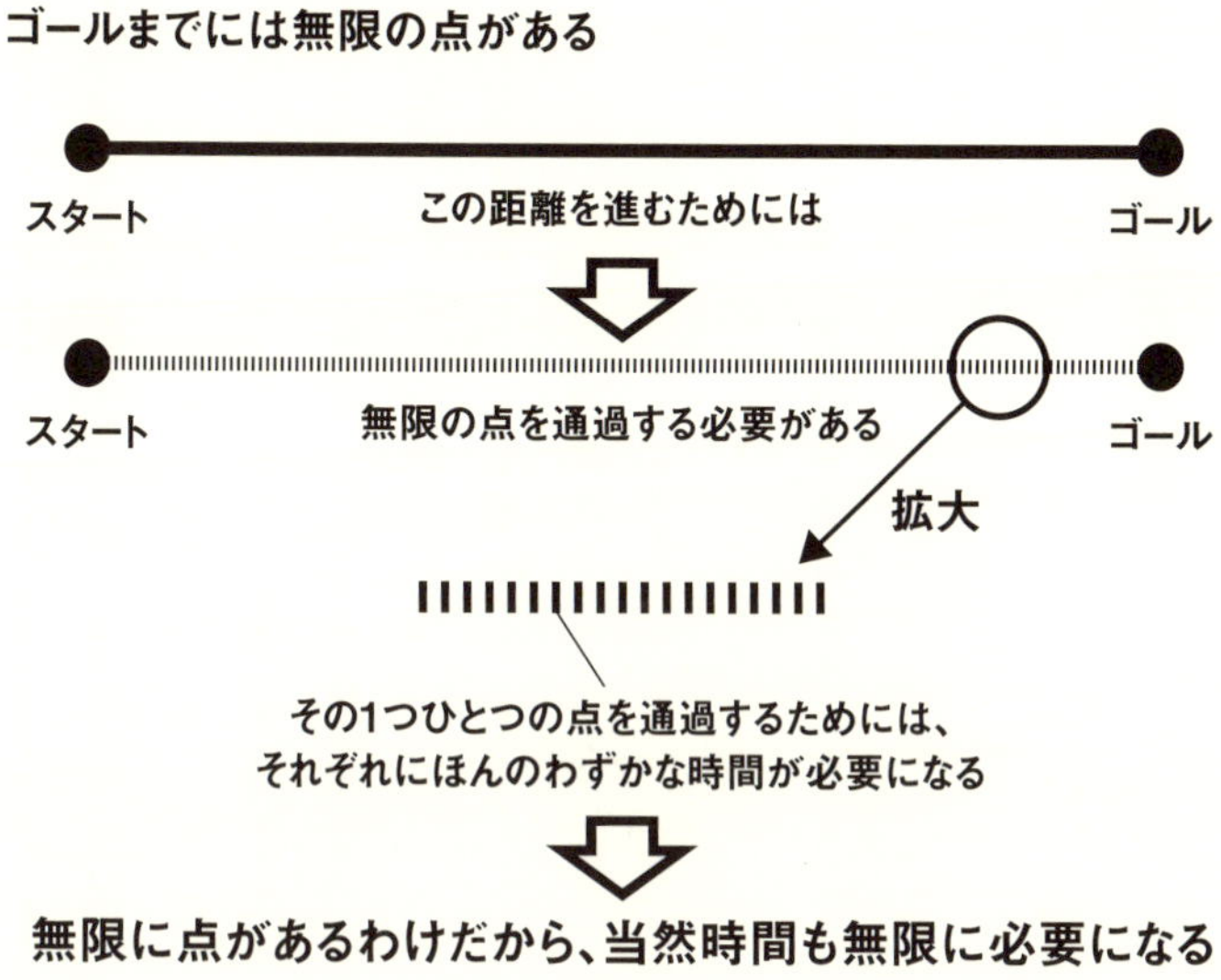

ゴールまでには無限の点がある
スタート
この距離を進むためには
ゴール
スタート
無限の点を通過する必要がある
ゴール
拡大
その1つひとつの点を通過するためには、
それぞれにほんのわずかな時間が必要になる
無限に点があるわけだから、当然時間も無限に必要になる

opinion 意見②

もし、マラソンの「半分の地点」に着くたびにカメラのシャッターを切るとしたら、たしかに永遠にシャッターを切らないといけなくなります。つまり、ゴールできなくなります。まあ、実際にそんな高速連写はできませんけれど。でも実際はゴールしますよね。何枚目でゴールするのでしょう…。実際にはゴールは可能なのですから、二分法のどこかに間違いが隠されていると思います。

「半分の地点」が来るたびに写真を撮ると考えると、残りの距離の半分はずっと存在することになるので、カメラのシャッターは永遠に押し続けることになります。

つまり、走者もゴールしていないことになってしまいます。

「何枚目でゴールするのか？」には、無限に必要となると考えるしかないでしょう。「カメラのシャッターを押す」行為を、無限の点1つひとつに必要な時間として考えると、わかりやすくなりますね。

この視点は、論破のために必要な視点です。

「無限の点」に必要な時間を、他の視点で考えてみると

opinion 意見③

2分の1＋4分の1＋8分の1＋…と続けていきますよね。すると、1になるのではないでしょうか？　つまり、ゴールできるのではないかと思います。

マラソンの全体の距離を1と考えて、まずは2分の1の距離を目指し、次に4分の1の距離を目指し…と永遠に続けていきます。つまり、次のような計算ができます。

2分の1＋4分の1＋8分の1＋…と、永遠に続けていくと、1に収束します。計算結果が1に吸い込まれていく、というイメージでしょう。数学での計算上では1になる、ということです。

こう考えると、無限に中間の点を通っていけば、計算上はゴールできると考えられそうです。しかし、ここで妙なことがわかります。

もし、40kmを走り切った場合、選手たちは1人残らず、1歩以上ゴールから先に進みますよね。両手を上げてゴールテープを切り、走り抜けていきます。

2分の1＋4分の1＋8分の1＋…＝1の原理だと、選手はピタッとゴールからただ

100万分の1ミリも出ることができません。これは不自然です。

結局、「無限の点」と「無限の時間」という視点で考えていると、矛盾から抜け出すことはできません。視点をもう少し変えてみましょう。

「無限の点」と「無限の時間」という視点では矛盾から抜け出せない

opinion 意見④

無限の点があり、その点1つひとつにほんのわずかな〝距離〟があると考えると、距離も無限になってしまいますよね。でも、距離は40kmと決まっています。

「無限の点を通過するためには無限の時間が必要だ」としたゼノン。しかし、そもそも、その考えでいくと、「無限の点の1つひとつにはほんのわずかな距離だってあるわけですから、距離も無限」とならなければおかしいでしょう。そして、当たり前の結論が導き出されます。

「無限の距離を進むためには無限の時間が必要である」

しかし距離は無限ではなく40km、つまり有限です。それならば、当然時間も、有限の数のどこかで決まってくるはずです。

たとえば、ここに1つのジャガイモがあるとします。そのじゃがいもをみじん切りにしてどんなに細かくしても、総量は1つのジャガイモです。

もし、無限に細かくみじん切りにしても、「1つひとつに大きさがあるのだから、ジャガイモの大きさは無限」となるわけではありません。合計は、元のジャガイモ1個です。

当然のように、3分もあれば食べ切れます。

「食べるのに無限の時間が必要」とはなりません。同様に、40kmを無限にみじん切りしても、総量は40kmということですね。無限の時間など必要なく、走破できます。

「有限の距離」を走破するのに、「無限の時間」は必要ない？

次に「アキレスと亀」を見ていきましょう。

ゼノンのパラドックスの中でももっとも有名な話です。

アキレスと亀

「ゼノンのパラドックス」の問題②

「なあ、橋谷。こんなものを見つけたんだ。『アキレスと亀』って言うんだけど。お前ならこれ、わかるか？　アキレスが亀に追いつけないなんてあり得ないんだけど、この説明は正しいし…」

「なるほど、アキレスと亀ね。まずは物語を見てみよう」

＊＊＊

アテナイの町に俊足が自慢のアキレスという男がいました。

しかし、そこに身なりのよい男が現れ、こんなことを言い出しました。

「亀と競争しないかね？」

「結果がわかっていて意味はないだろう」

アキレスは当たり前の反応をしました。しかし、男は微笑みながらこんな話を始めたのです。

「150mで勝負しよう。まぁまぁ、結果はわからんさ。亀にはハンデを与えるからね。亀は100m先の地点からスタートする。つまり残り50mだ」

それを聞いてアキレスは首を横に振りました。

「たった100mのハンデじゃあ、すぐに追いつくだろう。150mでは確実に私の勝ちだ」

「…いやいや。少し考えてみてほしい」

身なりのよい男はさらに続けました。

「まず、2人がスタートして、君が最初に亀がスタートした場所に着いたとしよう」

「うむ」

「仮にその地点をA地点とすると、その時、亀はどこにいるかね？」

「まあ、亀もスタートしたわけだから、いくらかは前にいるだろう」

アキレスは真面目に答えました。その答えに満足したように男は続けます。

「そのとおり。亀はいくらか前のB地点にいる。そして、君はさらに走る。そして当然のようにB地点に着くだろう。その時、亀は？」

「少し前にいる」

「そのとおり。亀は少し前のC地点にいるのだ。この調子で進んでいき、D地点、E地点と次々と通過していく。では、君がK地点に着いた時に亀は？」

「L地点」

アキレスは即答すると、だんだんその表情が曇ってきました。どうやら男の言っていることがわかってきたようです。

「理解が進んできたようですな。そうして続けていくと、常に亀は君のちょっと前にいることになるのだよ。永遠にね」

「…、しかし、結果は私の勝ちだ…！　それなのになぜ、あなたの話は正しいように思えるのだ…！」

「論破していただけないかね？」

アキレスは考え込みました。しかし一向に突破口が見つかりません。

＊＊＊

「ああ、やっぱりアキレスは亀に追いつけない。いつまで経ってもアキレスの前に亀がい

るぞ？」

「橋谷、視点を変えると見えてくるかもしれないぞ」

さて、なぜ、アキレスは亀に追いつけないのでしょうか？

opinion **意見①**

アキレスがK地点に着いた時、たしかに亀はL地点にいます。それはずっと続きますね。でも、アキレスと亀の距離はどんどん縮まっていくはずです。そしていつかは追いつきます。

常識的に考えて、宮口のように、「アキレスは亀に追いつくはずだから、アキレスの亀は何かがおかしい」と考えられるでしょう。しかし、なぜおかしいのか？　がなかなか説明できないため、パラドックスと言われています。

意見①のように、「いつかは追いつく」は正しいのですが、なぜ追いつくと言えるのかを説明しなければ、論破したことにはなりません。

前の二分法の意見③で、「いつかはゴールに収束する」という計算結果を導きましたが、「アキレスと亀」でも、同じようなことが言えるでしょう。

「アキレスと亀の間の距離」はどんどん短くなり、いつかは0に収束します。ただ、これでは、追い抜くことができません。

アキレスは亀を追い抜くはずですから、0になっても解決とは言えませんね。

距離がいくら0に近づいても、追い抜くことはできない？

opinion **意見②**

アキレスが1秒に11m、亀が1m動くと考えます。すると、1秒につき10mずつ差が小さくなるので、10秒で追いつきます。事実はやはりこれなのだと思うのですが…。

アキレスは亀の100m後方からスタートします。計算しやすいように、アキレスには世界一を上回る俊足で走ってもらいましょう。

1秒に11mです。さらに、亀にも無理してもらい、1秒で1mを走ってもらいます。そう考えると、1秒につき10m、アキレスは亀に近づいていきます。

そして、10秒後、１１０ｍの地点で両者は横に並び、次の瞬間アキレスは亀を追い抜きます。これはたしかな事実です。

計算上は、当然ですが追い抜くことがわかりました。

しかし、これでは論破したことにはなりません。アキレスと亀のおかしな点を指摘する必要があります。

計算では追い抜くけれど、どう論破する？

opinion 意見③

結局、追いつくまでの10秒間を細かく細かく見ているだけですよね。マラソンの時と同じように、追いつくまでの距離は決まっています。それをただ細かく見ているだけだと思います。

二分法では、40 kmの間に無限の点を配置し、そこを通過するには無限の時間を必要としました。アキレスと亀に応用すると、追いつくまでの10秒間、アキレスにとっての１１０

mの間に無限に点を設け、まるで永遠に追いつけないかのように錯覚させたのです。

つまり、「アキレスが亀の後ろにいる」10秒間だけに目を向け、とにかく細かく細かく見ていったのです。

たとえば、Aさんがジグソーパズルを完成させる直前までの間をビデオ撮影したとしましょう。それを見ながら、Bさんが「いつまで経ってもジグソーパズルが完成しない。何度見ても完成しない」と言ったとしたら、Aさんはこう言うでしょう。

「このビデオの後すぐに完成した。ビデオを見ている限り絶対に完成はしないよ」

アキレスも、「亀に追いつくまでの間ばかり見ていても、自分は亀の前には出られない。亀に追いつく前に自分が亀の前にいたらそれこそ不気味な話だ。亀に追いつくまでの間ばかり細かく見ないで、亀に追いつき、追い抜いた後のことを見てほしい」と言いたいはずです。

追いつくまでの「有限の距離」の間を、細かく見ていっただけ

Thought experiments

「ゼノンのパラドックス」の問題③

飛ぶ矢

「もう１つ付き合ってくれるかい？」

橋谷はまた難しい話を始めたいようです。

「暇だから、いいよ」

止めても無駄なのだろうと悟ったのか、宮口は素直に聞くことにしました。

「俺たちは弓道場にいると想像しよう。そして、１人の射手が、矢を放った！　次の瞬間普通、矢はどうなる？」

「まあ、的に刺さるだろうな？　真ん中かな！」

「いや、矢は的に届かない。矢は止まっているんだ」

「どうした…橋谷…。さすがに止まりはしないさ」

「矢が飛ぶ軌跡を思い浮かべてくれ。その一部分だけを考えると、矢はほとんど動いていないよな？　たとえば、０・０３秒くらいの間だ」

「まあ、そうだなぁ」

宮口は言われるとおりに想像してから言いました。

「さらに細かく一部分だけ見ていこう。わずかな時間だけを考えるんだ。すると、どうなるだろう？　少しでも動いているならさらに細かく見る。そう考えると、矢は止まるしかない。だって、少しでも動いていたらさらに細かく見るわけだから。無限に細かく見ていくと、最後には矢はピタッと止まる」

「うーん。無限に、ね。それで？」

「矢は、止まっているということ

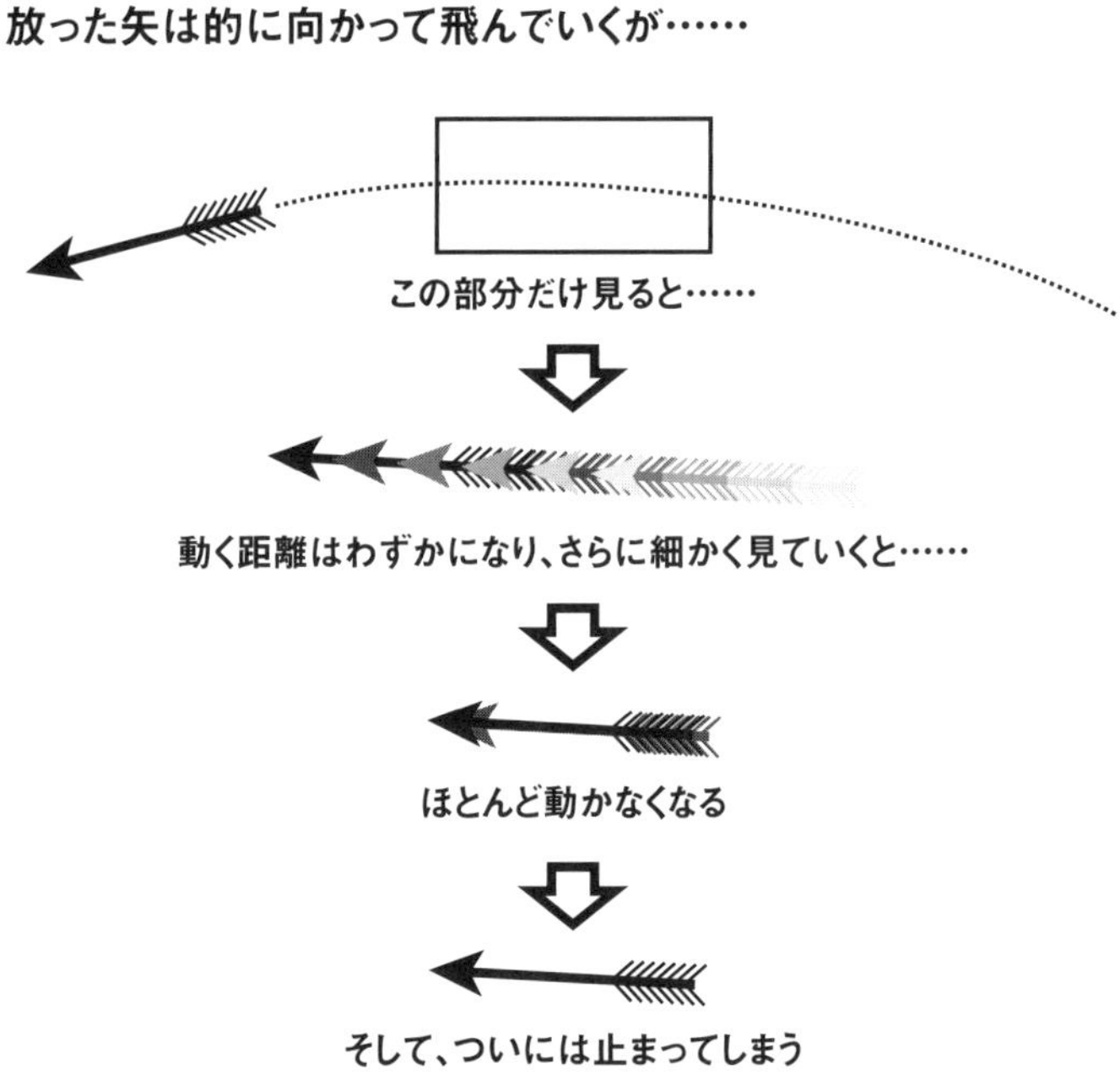
放った矢は的に向かって飛んでいくが……
この部分だけ見ると……
動く距離はわずかになり、さらに細かく見ていくと……
ほとんど動かなくなる
そして、ついには止まってしまう

とさ。一瞬でも止まっているのなら、それはもう、動いている矢とは言えない。その瞬間完全に止まっているのなら、運動していないのだから」

「え…」

「完全に止まっている矢、つまりは『そこに置いてある矢』と同じ状態の矢を5秒見ていたって、矢は動かないよな？　止まっているのだから。10秒経っても、1時間経っても、矢は決して的に当たらないんだ。だって、動いていないんだから。止まっているコップが突然、的に向かって飛んでいったらびっくりするだろう？　それと同じさ」

宮口は頭が痛くなってきました。「実際には矢は的に当たる」と言ってもそうじゃないと言うに決まっています。そして、「論破してくれ」と言うでしょう。さて、どうしたものかと考え込みました。

「矢は止まっている」を論破してください。

opinion 意見①

どんなに細かく見ても、その矢は動いている途中の一瞬です。ですから、100倍したら、当然ですが進みます。

この意見は100倍したら矢は進む根拠を、どんなに細かく区切っても矢はわずかに動いているとしました。しかし、これでは解決にはなりません。なぜなら、わずかに動いているなら、さらに細かく見るのです。そこに「動き」がある限り、無限に細かく見ていくのですから、「わずかに動く」は論破の武器としては使えません。

「無限に細かく見ていく」という考えはやっかいだ

opinion 意見②

完全に止まるまで細かく見ることはできないと思います。

どんなにどんなに細かく見ても、さすがに止まることはないだろうという意見です。意見①の時のように、わずかに動いていればさらに細かく見ると言われても、止まることはないと考えたくなります。

しかし、そもそも「無限」の世界というのは私たちの感覚ではわかりにくいものです。「無限に細かく見ていく」ことは、実際にはできませんから、常識の範囲内で考えても仕方がないと思ったほうがよいでしょう。

二分法やアキレスと亀のように、「完全に止まる」に収束するので、矢は完全に止まったと考えます。

「無限に細かく見ていく」と「完全に止まる」に収束する

opinion 意見③

矢が完全に止まる時、射手も、鳥も、雲も、すべて止まっています。つまり、写真そのものです。どんなに動きの速いものでも、写真に撮れば止まっています。写真を見せて、「止まっている」と言われても、当たり前ですし、動いたほうが問題です。

写真に撮られた矢が動いたとしたら、マジックです。矢が完全に止まっているなら、それはもはや写真だという意見です。

射手も、鳥も、雲も、電車も、人々も、何一つピクリとも動かない、すべてが停止した世界であれば矢も止まるでしょう。では、それはどんな状態を言うのでしょうか？

それは、「時」が止まった状態です。

時が止まっているなら、すべてのものはピクリとも動かないはずです。当然、射手が放った矢も動きません。

「矢が止まった時、時間も止まっている。だから、100倍しても動かないだろう。ただし、時間を再生すれば矢は動き出す」ということですね。

矢が止まっているのは、時間が止まった状態である。それはあり得ない

次は、ゼノンのパラドックス4部作のうちの最後の1つです。ただ、この「競技場」については、「パラドックスと言えるのか？」にも意見が分かれる問題ですので、ご紹介程度にとどめておこうと思います（「競技場のパラドックス」は、イメージしやすくするため「電車」に設定しています）。

Thought experiments

競技場

「ゼノンのパラドックス」の問題④

「宮口、ゼノンのパラドックスの４つ目を聞いてほしいんだ」

「また難しいんだろう？　仕方ないな。わかったよ」

橋谷はこんな図（次ページ）を描きながら説明を始めました。

「この場合、自分が乗っている電車Bの左の窓と右の窓、どっちのほうが、窓から見える電車は早く通り過ぎるだろう？」

宮口は簡単すぎる問題に即答しました。

「それは当然、右側の窓さ。だって、電車Cは自分が乗っている電車に向かって走ってくるわけだから、すぐ通り過ぎるよ」

「つまり、左の窓と右の窓の時の流れが違うんだ」

「さすがにそれは無理がある…」

宮口は、橋谷の強引な話の運びについていけない様子です。しかし、それを振り切るよ

うに橋谷は話を続けました。

「宮口。時間ってさ、俺たちが意識しなくてもスーッと流れていくよな。でも、細かく細かく見ていくと、いつかは最小単位があるかもしれない。だからこそ、アキレスと亀みたいに、無限に分割しようとしたら矛盾が生じた。そうも考えられるんじゃないかな」

「あー…うん、そうとも言えるかもしれない」

「だとしたら、なんだけど。この電車を、時間にたとえるんだ」

橋谷は図面の車両を指さしてこんなことを言い始めました。

窓によって、時の流れが違う

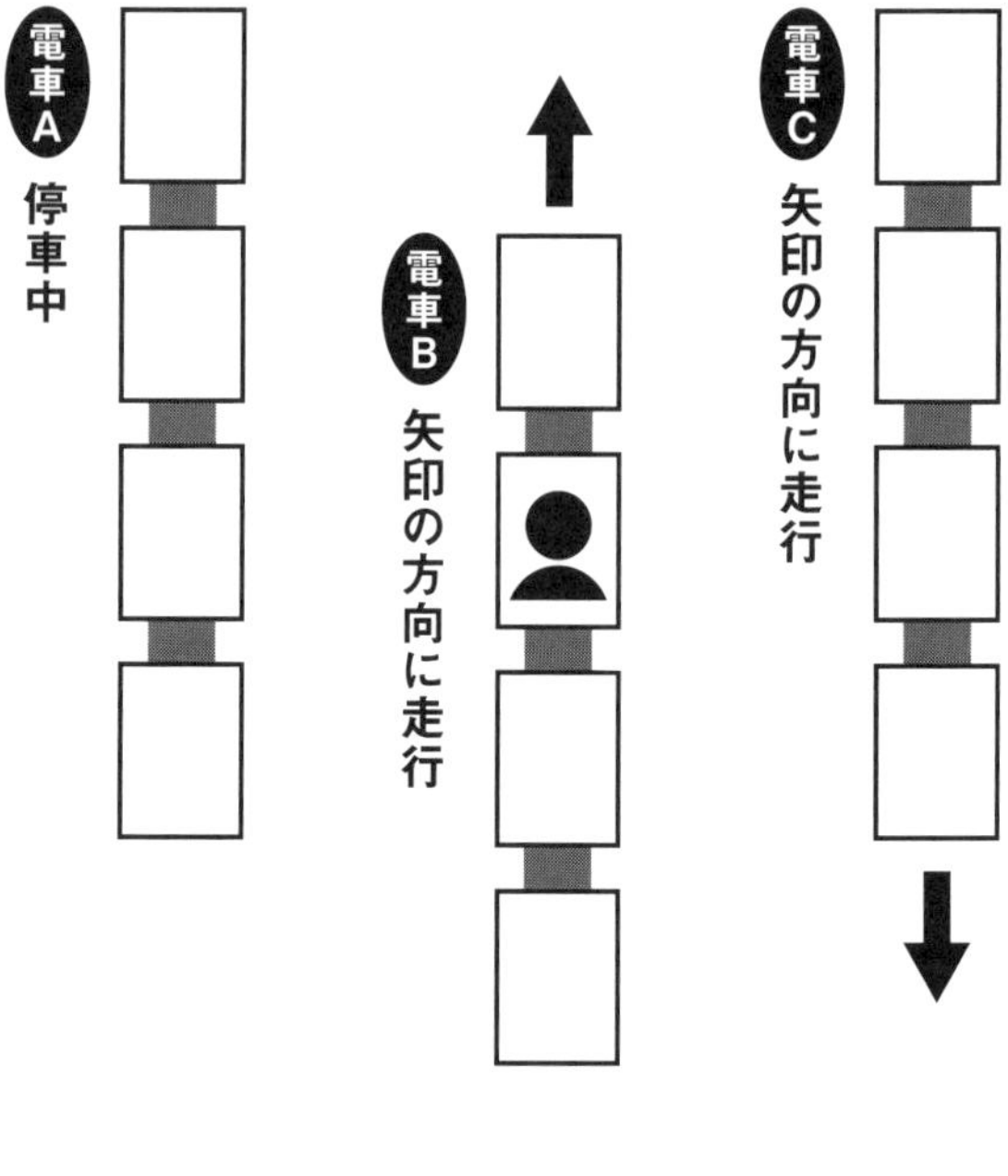

「この電車を、時間の最小単位と考えてみてくれ。ええっと、この絵の1両分が、時間の最小単位だ」

「それで…？」

「おかしなことが起きる。左の窓から見る1両の、2倍の速度で右の窓から見る1両が通り過ぎるんだ。別の言い方をすると、左の窓の2分の1の時間で、右の窓の1両は通り過ぎる」

宮口はなんとなく言いたいことがわかったようでした。

「ああ、そうか。時間の最小単位としたのに、その2分の1という時間が存在してしまう。つまり、時間は永遠に分割できる」

「…ってゼノンが言いたかったのかはわからないけれど、左の窓と右の窓を見て、その違いをパラドックスに仕立て上げようとしたのは面白いよな。もちろん紀元前だから、電車じゃないけれど」

視点を変え、発想力を駆使する

ゼノンのパラドックスをご紹介してきましたが、ゼノンは思考を混乱させるワナを仕掛

けることに長けた哲学者だったのでしょう。今でもこうして多くの人を楽しませています。

特にアキレスと亀はその設定の面白さもあって、ゼノンのパラドックスの中ではもっとも有名な話です。

視点を変え、発想力を駆使しながら、論破する糸口を探すことは、思考のトレーニングとして優れたものです。

常に、「これで本当に正しいのか？」と疑問を持つ大切さも教えてくれます。

〈著者紹介〉

北村良子（きたむら・りょうこ）

1978年生まれ。有限会社イーソフィア代表。パズル作家として企業のキャンペーンや、WEBで展開するイベント、書籍や雑誌、新聞、TV番組などに向けたパズルを作成している。
著書は、『論理的思考力を鍛える33の思考実験』（彩図社）、『楽しみながらステップアップ！　論理的思考力が6時間で身につく本』（大和出版）、『論理的な人の27の思考回路』（フォレスト出版）など。

【運営サイト】
「IQ脳.net」http://iqno.net/
「老年若脳」http://magald.com/

装幀　小口翔平（tobufune）
装画　徳丸ゆう
本文イラスト　ささめゆき
図版作成　桜井勝志

1日1問！ 面白いほど地頭力がつく思考実験

2018年11月1日　第1版第1刷発行

著　者　北村良子
発行者　後藤淳一
発行所　株式会社ＰＨＰ研究所

東京本部　〒135-8137　江東区豊洲5-6-52
第二制作部ビジネス出版課　☎03-3520-9619（編集）
普及部　☎03-3520-9630（販売）
京都本部　〒601-8411　京都市南区西九条北ノ内町11

PHP INTERFACE　https://www.php.co.jp/

制作協力・組版　株式会社PHPエディターズ・グループ
印刷所　大日本印刷株式会社
製本所　東京美術紙工協業組合

ISBN978-4-569-84160-1

PHPの本

孫社長の締め切りをすべて守った

最速！「プロマネ」仕事術

三木雄信 著

孫社長から数々のプロジェクトをむちゃぶりされながら、すべて間に合わせてきたソフトバンク元社長室長が「最速チーム仕事術」を開陳。

定価 本体一、五五〇円（税別）

いう考え方もできるんだ」「こういう考え方は自分はしないけれど、参考にしよう」などと感じながら読んでみてください。考えることで思考の世界は無限に広がっていきます。

「未来について」「死と命について」「自分について」…そのほか、いろいろな観点から考えることのできる「問い」を集めていますので、考えることによって、さまざまな角度で考える頭、1つのことを掘り下げて考える頭が鍛えられるでしょう。

この本のもっとも大きな特徴は、次のようなものです。

道具を使わず、いつでもどこでも楽しめる、頭の中の実験「思考実験」であること。

学校で学んだ知識ではなく、自分本来の頭の力（地頭）を使って考えて「答え」を見つけ出せること。

「発想力」「いろいろな視点から見る力」「論理的に考える力」などを鍛えられること。

ぜひこの本で、あなた本来の考える力である、地頭力を身につけてください。

はじめに

ＡＩは人を愛することができるか？
「自分」は脳の中にあるのか？　それとも体の中にあるのか？
誰か１人を犠牲にするとしたら、誰を選ぶのか？

こう、「問い」かけられたら、あなたはどんな「答え」を出すでしょうか？　この本の「問い」に対する「答え」は１つではありません。この本は、あなたの「答え」や「意見」を、どんな「問い」からでも探せるようになる「地頭力」を鍛える本です。

これらの「問い」に対してさまざまな角度から考えた「意見」とその「理由」を掲載しました。「自分の意見と近い意見はあるか？」「なぜこの意見が自分の考えと違うと思うのか？」と、思考を巡らせてみてください。

「自分とは違う考え方」と親しむのも、頭の訓練にはとても良いことです。ぜひ、「こう

1日
1問！

面白いほど
地頭力がつく

思考
実験

北村良子